Christof Gasser | Barbara Saladin

111 Orte
im Kanton Solothurn,
die man gesehen
haben muss

111

D1720949

emons:

Bibliografische Information der Deutschen Nationalbibliothek
Die Deutsche Nationalbibliothek verzeichnet diese Publikation
in der Deutschen Nationalbibliografie; detaillierte bibliografische
Daten sind im Internet über http://dnb.d-nb.de abrufbar.

© Emons Verlag GmbH
Alle Rechte vorbehalten
© der Fotografien:
Ort 1–3, 12, 14–18, 24–25, 29–35, 39, 48, 50–52, 64–67, 69,
76–77, 81–83, 86–98, 100, 108, 110, 111: Christof Gasser;
Ort 4 unten, 6, 8–9, 11, 19–23, 26–28, 36–38, 40–47, 49, 53, 55–58,
61–63, 68, 70–72, 74–75, 79–80, 99, 101, 102, 104–107: Barbara Saladin;
Ort 4 oben: Benedikt Fluri; Ort 5: ifa–swiss.ch; Ort 7: Dyhrberg AG;
Ort 10: Manuel Fisch/Daniela Dietrich; Ort 13: Gemeinde Breitenbach;
Ort 54: David Baumgartner/KrimiSpass.ch; Ort 59: Museum Haarundkamm,
Mümliswil; Ort 60: Jura Elektroapparate AG; Ort 73: Manuel Stettler;
Ort 78: Museum für Musikautomaten, Seewen; Ort 84: Brigitta Berndt;
Ort 85: Aare Seeland mobil AG – Markus A. Jegerlehner;
Ort 103: Naturpark Thal; Ort 109: Theater Mausefalle
© Covermotiv: privat
Layout: Eva Kraskes, nach einem Konzept
von Lübbeke | Naumann | Thoben
Kartografie: altancicek.design, www.altancicek.de
Kartenbasisinformationen aus Openstreetmap,
© OpenStreetMap-Mitwirkende, ODbL
Druck und Bindung: CPI – Clausen & Bosse, Leck
Printed in Germany 2020
ISBN 978-3-7408-0975-1
Originalausgabe

Unser Newsletter informiert Sie
regelmässig über Neues von emons:
Kostenlos bestellen unter
www.emons-verlag.de

Vorwort

«E huufe Hag und wenig Garte», beschreiben viele Solothurner ihren Kanton. Tatsächlich gibt es keinen zweiten mit einem derart zerklüfteten Profil. Auf 790 Quadratkilometer Fläche kommen 380 Kilometer Grenze. Im Vergleich säumt beim Nachbarn Bern eine knapp doppelt so lange Grenzlinie ein fast achtmal grösseres Territorium.

Dennoch wird die Metapher dem Kanton Solothurn nicht gerecht. Obwohl er in den meisten Statistiken bestenfalls im Schweizer Mittelfeld liegt, ist Solothurn ein Kanton der Superlative. Wichtige Nord-Süd- und West-Ost-Achsen Europas kreuzen sich auf seinem Gebiet, sowohl auf der Strasse beim Autobahnkreuz Härkingen als auch auf der Schiene im Bahnhof Olten. Auch sonst finden sich zwischen Bättwil und Messen und zwischen Grenchen und Eppenberg-Wöschnau viele spannende Orte und verborgene Schätze.

Im 17. und 18. Jahrhundert gingen Solothurner Adelsherren am Versailler Hof ein und aus. Später waren Solothurner Pioniere Innovatoren der industriellen Entwicklung der Schweiz. Seine Rolle als Vermittler und Brücke zwischen den Landessprachen macht den Kanton Solothurn zum Schauplatz nationaler Anlässe wie der Film- und Literaturtage.

Die landschaftlichen Schönheiten im Jura und im Aaretal liegen abseits des touristischen Getöses. Dennoch vermögen sie auswärtige Besucher in Erstaunen zu versetzen – und auch die Einheimischen können noch viel Neues entdecken. Dieses Buch erzählt Geschichten von Orten, Landschaften und Menschen in diesem vielfarbigen Kanton. Wir wünschen, dass Ihnen das Lesen ebenso viel Freude bereitet wie uns das Schreiben.

Christof Gasser und Barbara Saladin

P.S.: Ihre Meinung zum Buch interessiert uns. Wir freuen uns auf Ihre Reaktionen: info@christofgasser.ch oder info@barbarasaladin.ch. Vielen Dank!

111 Orte

1 Der Burgäschisee
Weltkulturerbe mit vielen Besitzern

Gemessen an den rund 1.300 Quadratkilometern Seenfläche der Schweiz ist Solothurn gewiss kein Seekanton. Der «Aeschisee» ist mit 0,2 Quadratkilometern der grösste See, wobei ein Drittel der Wasserfläche auf Berner Kantonsgebiet liegt. Entstanden ist das Gewässer, ein sogenannter Toteissee, am Ende der letzten Eiszeit durch den Rückzug des Rhonegletschers.

Während des Zweiten Weltkriegs wurde der Seespiegel zwecks Gewinnung von Kulturland unter dem «Plan Wahlen» um zwei Meter gesenkt, wobei am Ostufer die Überreste von Pfahlbauten und Gerätschaften aus der Zeit zwischen dem 5. und 3. Jahrtausend vor Christus zum Vorschein kamen. Diese Funde füllten eine bedeutende Lücke zwischen den Westschweizer und Ostschweizer Pfahlbaukulturen entlang der grossen Schweizer Seen. Im Jahr 2011 wurde «Burgäschi Ost» von der UNESCO zusammen mit 110 anderen Siedlungsstellen rund um die Alpen als Weltkulturerbe anerkannt.

Die kleine Wasserfläche weist ungewöhnliche Besitzverhältnisse auf. Während der Berner Teil seit der Reformation der Nachbargemeinde Seeberg gehört, sind die Besitzverhältnisse auf der Solothurner Seite komplizierter. Im Spätmittelalter verpachtete das Kloster St. Peter (Schwarzwald) den ganzen See den einheimischen Bauern für die Fischerei. Mit der Gründung des schweizerischen Bundesstaates 1848 verfielen die Besitzansprüche des Klosters, und die verbliebenen Solothurner Pächter liessen sich als Besitzer im Grundbuch eintragen. Im Verlauf der Zeit verkleinerten sich die Parzellen durch Schenkung und Erbschaft laufend, sodass der See auf der Solothurner Seite heute mehr als 60 Besitzer zählt. Im Zuge der Absenkung während des Zweiten Weltkriegs wurde der Burgseeverein gegründet, der die Nutzung im Einklang mit der Natur sicherstellen soll. Beliebt ist der See bei Spaziergängern, Vogelbeobachtern und bei den Besuchern des Strandbades am Ostufer.

Adresse Restaurant Seeblick, Hauptstrasse 26, 4556 Aeschi-Burgäschi, www.burgseeverein.ch |
Anfahrt A 5, Ausfahrt Solothurn-Ost, Richtung Herzogenbuchsee bis Aeschi, kurz vor Dorf-
ausfahrt rechts abbiegen Richtung Burgäschi | **Tipp** Der wenige Kilometer entfernte und halb
so grosse Inkwilersee in der Nachbargemeinde Bolken ist gewissermassen der kleine Bruder
des Burgäschisees (www.inkwil.ch).

2 Der Findling

Der erste Migrant

Das Solothurner Mittelland war während zwei eiszeitlichen Perioden vollständig von Eis bedeckt. Die erste, die Risseiszeit, begann vor rund 300.000 Jahren und endete vor 120.000 Jahren. Darauf folgte die Würmeiszeit, welche bis vor das Jahr 8.000 vor unserer Zeitrechnung dauerte. Bei seinem endgültigen Rückzug hinterliess der Rhonegletscher eine Anzahl erratischer Granitblöcke, sogenannte Findlinge, die vornehmlich am Jurasüdfuss im Gebiet des Bezirks Lebern sowie auf den ehemaligen Moränenhügeln im heutigen Wasseramt und Bucheggberg liegen. Der grösste unter ihnen und gleichzeitig auch der grösste Findling im schweizerischen Mittelland ist mit 16 Meter Länge, rund acht Meter Höhe und 3.500 Tonnen Gewicht der «Grossi Flue» (Grosser Fels). Es ist ein Ensemble von zwei Findlingen im freien Feld beim zur Gemeinde Aeschi gehörenden Weiler Steinhof, einer nahezu vollständig von Wald umgebenen Exklave des Kantons Solothurn auf Berner Staatsgebiet.

Die geologische Beschaffenheit des Findlings verortet seinen Ursprung im 180 Kilometer südwestlich gelegenen Alpental Val de Bagnes. Vermutlich dauerte die Reise dieses Findlings auf dem Gletscherrücken von seiner Walliser Heimat bis zu seinem heutigen Standort mehrere 1.000 Jahre.

Mit dem Aufkommen des Eisenbahnbaus in der zweiten Hälfte des 19. Jahrhunderts bestand die Befürchtung, dass der «Grossi Flue» das Schicksal anderer Findlinge teilen und zu Baustoff verarbeitet werden könnte. Um das zu verhindern, erwarb die Schweizerische Naturforschende Gesellschaft den Stein. Seit 1971 sind sämtliche erratischen Blöcke im Kanton Solothurn inventarisiert und geschützt.

Die dominante Felsformation auf freiem Feld war namensgebend für das benachbarte Landwirtschaftsgut und damit gleichzeitig für das umliegende Dorf, auf dessen Wappen ein Steinbock dargestellt ist. Sie ist ein beliebter Rastplatz für Wanderer und Radfahrer.

Adresse Holzstrasse, 4556 Aeschi-Steinhof | Anfahrt A 1, Ausfahrt Wangen an der Aare, Richtung Herzogenbuchsee, dann auf Hauptstrasse 1 Richtung Bern bis Linksabbieger Richtung Steinhof | Tipp Die Bühne Burgäschi veranstaltet in den Sommermonaten Konzerte und Operetten am Burgäschisee (www.burgaeschi.ch).

3 Die Burgruine Balm

Der verschollene Schatz in der Grottenburg

Wann genau die Grottenburg am Fuss der Balmfluh erbaut wurde, ist Gegenstand von Mutmassungen. Als Besitzer erstmals urkundlich erwähnt sind die edelfreien Herren von Balm um 1200. Nach der Beihilfenschaft Rudolfs von Balm an der Ermordung von Kaiser Albrecht im Jahr 1308 wurde die Reichsacht über die Familie verhängt. Ihre Besitztümer fielen dem Reich zu. Anfang des 15. Jahrhunderts verkaufte der letzte Besitzer seine Rechte an Balm an die Stadt Solothurn.

Wohl aus dieser Zeit stammt die Legende des Goldschatzes, den der letzte Ritter der Burg entweder in einem Felsenloch versenkt oder in der Felswand eingemauert haben soll. Laut Überlieferung wurde im Lauf der Jahrhunderte mehrmals vergeblich danach gesucht. Die Sage erzählt von einer einfacheren Möglichkeit, ihn zu bergen. Jeweils während der Fronfastenzeit (vier Fastenperioden, welche das kirchliche Jahr in die vier Jahreszeiten teilen) halte nachts eine weisse Rittersfrau den Schatz auf der Ruine feil. Wer das korrekte Zauberwort wisse und das richtige Zauberpulver streue, könne den Schatz an sich nehmen. Allerdings hat man offenbar nur einen Versuch. Wenn dieser misslingt, wird der glücklose Schatzsucher über die Mauer in den Abgrund geworfen. Der letzte Versuch, den Schatz zu bergen, soll im Jahr 1875 stattgefunden haben, als sich ein kühner junger Mann in ein Loch abseilen liess. Als man ihn wieder hochzog, hatte er keinen Schatz gefunden, aber es ist überliefert, dass er komplett verschreckt und sein Haar schneeweiss gewesen sein soll.

Der Ausgangspunkt des Aufstieges zur Burg liegt am Fuss des Burgfelsens, wo vermutlich früher die Vorburg mit Ökonomiegebäuden stand. Über eine lang gezogene Rampe gelangte man zur Kernburg. Heute führt ein in den Felsen gehauener Fusspfad dorthin. Die Mauerreste einer Wehranlage schirmen die Wohngrotte nach aussen ab.

Adresse Burgstrasse, 4525 Balm bei Günsberg | **Anfahrt** von Solothurn entweder via Rüttenen oder via Hubersdorf und Niederwil nach Balm, dort Burgstrasse zur Burgruine folgen | **Tipp** Besser gesichert als die früheren Schatzsucher ist man im Seilpark Balmberg. Er bietet auf zehn unterschiedlichen Parcours Kletter- und Fahrseilspass für Gross und Klein (www.seilpark-balmberg.ch).

4 Die alte Passstrasse

Napoleons holpriges Wiegenlied

Bereits vor Jahrtausenden wurde der Obere Hauenstein fleissig begangen. Schon im Römischen Reich führte eine der Hauptverkehrsadern durch die antiken Städte Aventicum (Avenches VD), Salodurum (Solothurn) und Augusta Raurica (Augst BL respektive Kaiseraugst AG) über den Pass, und auch sonst waren die Römer präsent: In Holderbank fanden Archäologen bestens erhaltene Reste von römischen Bauten im feuchten Lehmboden. Vielleicht deswegen wird das historische Strassenstück oberhalb von St. Wolfgang im Volksmund auch «Römerstrasse» genannt. Doch es ist eher unwahrscheinlich, dass wirklich die Römer die Baumeister dieser gepflasterten Strasse waren. Gemäss neueren Forschungen stammen Gebirgsstrassen dieses Typs eher aus dem Mittelalter oder sind sogar noch jünger. Die Spurrillen, die man noch heute gut erkennen kann, verhinderten einst übrigens das seitliche Wegrutschen der Wagen.

Römer hin oder her: Eine ganz grosse Berühmtheit ist erwiesenermassen einmal über das historische Stück Passstrasse am Augstbach gereist, und zwar kein Geringerer als Napoleon Bonaparte. 1797 war der französische General unterwegs in der Schweiz, welche er im folgenden Jahr von seinen Truppen besetzen liess und in der er nach französischem Vorbild die «Helvetische Republik» mit der Hauptstadt Aarau gründete. Napoleons Durchreise über den Oberen Hauenstein im November 1797 hatte allerdings noch nichts damit zu tun, da war er auf dem Weg zu einem Friedenskongress in Rastatt. Der Legende nach hat er unter anderem im «Bären» in Langenbruck gegessen, im «Schlüssel» in Waldenburg gespiesen und übernachtet und in Oberdorf gefrühstückt. Gemäss anderen Quellen soll der General während der ganzen Reise über den Pass hingegen geschlafen haben. Ob er in der rumpelnden Kutsche auch wirklich einen erholsamen Schlummer geniessen konnte, darf angesichts der doch eher unebenen historischen Piste bezweifelt werden.

Adresse Koordinaten: 2 621'462, 1 241'548, östlich von St. Wolfgang, 4710 Balsthal | **ÖV** Bus 94 bis Haltestelle Balsthal Pfadiheim | **Anfahrt** A 1, Ausfahrt Oensingen, von Balsthal Richtung Holderbank, Parkplatz an Kantonsstrasse | **Tipp** Verfolgt man die Passstrasse – also die moderne – bis kurz vor dem Oberen Hauenstein, findet man eingangs Langenbruck BL eine solarbetriebene Sommerrodelbahn mit Seilpark. Und im Winter lockt der ehemalige Luftkurort mit Skiliften und Schneespass (www.deinkick.ch).

5 Die Feuerwehrakademie

Die Lizenz zum Löschen

In der Klus von Balsthal, wo der Jurafels die Industriegebäude förmlich in den Würgegriff zu nehmen scheint, befindet sich das Interkantonale Feuerwehr-Ausbildungszentrum, kurz ifa. Früher stand die grösste Giessereihalle der Schweiz in der engen Klus, wo die Firma Von Roll jährlich 100.000 Tonnen Stahl verarbeitete. Heute üben Feuerwehrleute hier den Ernstfall.

Mit seinen vielseitigen Trainingsmöglichkeiten ist das ifa eine schweizerische Pionierleistung. Den Feuerwehren der Kantone Solothurn, Baselland, Basel-Stadt und Jura steht hier professionelle Ausbildungsinfrastruktur zur Verfügung. Angehende Feuerwehrleute lernen, wie man welches Feuer bekämpft und wie man verhindert, unter Atemschutz ausser Atem zu geraten. In Brandhäusern und einer sogenannten Rauchdurchzündungsanlage treffen sie auf einsatznahe Szenarien. Auf dem 3,6 Hektaren grossen Gelände gibt es zudem Schulungsräume, Mensa und Unterkunft.

Auch die International Fire Academy (Abkürzung: ebenfalls ifa), ihres Zeichens europaweit führendes Kompetenzzentrum für die Bewältigung von Tunnelbränden, befindet sich gleichenorts. In vier Sprachen werden Retter für Einsätze in «unterirdischen Verkehrsanlagen» ausgebildet. Gelehrt werden lebenswichtige Taktik und Techniken, welche bereits Teilnehmer aus 23 Ländern in der Übungstunnelanlage der Balsthaler Klus trainiert haben.

Das ifa kann man nicht besichtigen. Ausser man ist Feuerwehrfrau oder Feuerwehrmann und lernt. Öffentliche Führungen hätten den Kursbetrieb zu stark behindert und wurden darum eingestellt, heisst es vonseiten des ifa. Schliesslich gilt es, sich aufs Wichtige zu fokussieren – und das ist nun mal die Feuerwehr-Ausbildung. Wer das Interkantonale Feuerwehr-Ausbildungszentrum dennoch von innen sehen will, wird halt, wenn die Anforderungen stimmen, Mitglied der Feuerwehr seines Wohnorts. Motivierte Leute sind überall gefragt, nicht nur im Kanton Solothurn.

Adresse Industriezone Klus 17, 4710 Balsthal-Klus, www.ifa-swiss.ch | ÖV Regionalzug ab Oensingen bis Haltestelle Klus | Anfahrt A 1, Ausfahrt Oensingen, Richtung Balsthal, in der Klus links | Tipp Der Energy Park Laupersdorf lockt mit Eventmuseum, Tanksäulenausstellung und anderen Attraktionen ins Thal (www.energypark.ch).

6 Der Holzweg Thal

Wo Wolken aus Holz sind

Kunst aus Holz und Kunst im Wald – das findet man auf dem Holzweg, ganz ohne Brett vor dem Kopf. Mit Holz in verschiedenen Erscheinungsformen beschäftigt sich der Holzweg Thal, der bei Balsthal eine Art Rundwanderung bietet, allerdings nicht eine klassische, denn durch Querwege kann man unterschiedliche Routen mit beliebiger Distanz wählen. Zudem ist der Holzweg nicht einfach nur ein netter Spazierweg, sondern er soll ganz gezielt an den nachwachsenden Rohstoff und das Naturprodukt Holz heranführen. Nicht von ungefähr wurde der Themenweg von Holzhandwerkfirmen wie Schreinereien, Zimmereien und Holzbauern initiiert. Getragen wird er unter anderem vom Naturpark Thal, von Bürger- und Einwohnergemeinden sowie dem Forst.

Ein guter Einstieg in den Holzweg befindet sich nach dem steilen Aufstieg von St. Wolfgang zur Burgruine Neu-Falkenstein (siehe Ort 8). Nach 80 Höhenmetern auf 300 Metern ist der Durchschnittsmensch ins Schnaufen geraten und sein Puls hochgejagt – gerade richtig, um einzutauchen in den Wald als besondere Landschaft. Der Holzweg veranschaulicht die Bedeutung des Naturprodukts Holz und macht Lust darauf, es mit Kopf, Herz und Hand zu erleben. Immer wiederkehrende Elemente sind die Installationen des Künstlers Sammy Deichmann, die mit dem Wald und der Juralandschaft harmonieren und einen ständig Neues entdecken lassen. Hölzerne, asiatisch anmutende Tore beispielsweise. Oder eine riesige Kugel aus unzähligen Holzplättchen. Oder schwebende Holzwolken über dem Weg. Verschiedene Klanginstallationen entlocken dem Holz nicht nur hölzerne, sondern manchmal auch sphärische Klänge, und ein grosser Waldspielplatz mit schaukelnden Hängebrücken und schwebenden Seilen sowie einem erkletterbaren Vogelnest lässt Kinder allfällig zu viel vorhandene Energie problemlos abbauen. Dort gibt es auch Grillmöglichkeiten – und genügend Holz als Brennmaterial für die Wurst.

Adresse Infotafel bei St. Wolfgang, 4710 Balsthal, www.holzwegthal.de | **ÖV** Bus 115 bis Haltestelle Balsthal St. Wolfgang | **Anfahrt** A 1, Ausfahrt Oensingen, von Balsthal Richtung Holderbank, Parkplatz an Kantonsstrasse | **Tipp** Ein anderer Themenweg findet sich in Holderbank: der Poesieweg, der in drei verschiedenen Etappen ums Dorf führt und in die Welt der Lyrik entführt (www.holderbank-so.ch).

7 Die Lachsräucherei

Der erste Rauchlachs «made in Switzerland»

Das im 13. Jahrhundert von den Grafen von Falkenstein gegründete und heute noch von deren Burg überschattete Städtchen Klus liegt in einer natürlichen, vom Flüsschen Dünnern geschaffenen Fels-schlucht.

1813 wurde der erste Hochofen gebaut. Aus dem Talboden wuchs ein Fabrikdorf mit Industrieanlagen und Arbeiterhäusern. Der Nie-dergang begann in den 70er Jahren des letzten Jahrhunderts, bis 1982 die Schmelze geschlossen wurde.

Zu Beginn des 21. Jahrhunderts siedelten sich diverse Gewerbe- und Kleinindustriebetriebe in der Klus an, darunter auch die 1965 von den drei Unternehmern Ove Hansen, Brido Petersen und Leo Belser gegründete Lachsräucherei Dyhrberg, die sich in den Räumen einer ehemaligen Grossmetzgerei niederliess. Damals war es üblich, Rauchlachs konsumfertig zubereitet in die Schweiz einzuführen. Obwohl das Land auf eine lange Räuchertradition von Fleischpro-dukten zurückblickte, hatte sich das Konservieren von einheimischen oder ausländischen Fischen durch Räuchern bis dahin nie durch-gesetzt, auch nicht zu jenen Zeiten, als Lachse zum Laichen noch den Rhein hinauf bis zum Rheinfall schwammen. Der Gastrounter-nehmer Ueli Prager brachte mit dem Aufkommen seiner Möven-pick Restaurant- und Hotelkette die breite Öffentlichkeit auf den Geschmack der bisher unbekannten Delikatesse Rauchlachs.

Den Dyhrberg-Gründern liegt eine Vulgarisierung des Rauch-lachses fern. Ihr Ziel ist es, im Hochpreisland Schweiz ein Manufak-turprodukt mit komplett manueller Verarbeitung und Holzräucherei herzustellen, das sich von industriellen Massenprodukten aus dem Ausland absetzt. Von der Anlieferung des Frischlachses über die Rüs-tung und die Verarbeitung bis zur Verpackung geht der wertvolle Fisch stets durch Menschenhände. Die Lachsseiten werden in holz-befeuerten Öfen einem schonenden Räucherungsprozess unterzogen. Dyhrberg-Lachs ist als Bio-Produkt zertifiziert.

Adresse Dyhrberg AG, Solothurnerstrasse 40, 4710 Balsthal-Klus, www.dyhrberg.ch | ÖV
Regionalzug ab Schnellzughalt Oensingen nach Balsthal, Haltestelle Klus | Anfahrt A 1,
Ausfahrt Oensingen, Richtung Delémont, Moutier, weiter auf Hauptstrasse 12 bis Klus,
beim ersten Kreisverkehr links abbiegen | Öffnungszeiten Fabrikladen / Gourmetoase:
Mo – Fr 9 – 12, 13.30 – 18.30 Uhr, Sa 9 – 16 Uhr, So und Feiertage geschlossen, Betriebs-
besichtigungen für Gruppen ab 10 bis maximal 25 Personen (Anmeldung erforderlich) |
Tipp Unweit von der Lachsräucherei steht Schloss Alt-Falkenstein mit seinem Museum
über dem Städtchen Klus und gibt einen Einblick in Geschichte, Leben und Kultur in der
Region (www.museum-alt-falkenstein.ch).

8 St. Wolfgang und Neu-Falkenstein

Die Kleinen hängt man …

Balsthal verfügt gleich über zwei Burgruinen mit dem Namen Falkenstein – Alt-Falkenstein und Neu-Falkenstein. Erstere beherbergt ein Museum, und zweitere sieht aus, als sei sie direkt aus einem Mittelalterfilm abgekupfert: Ein grosser runder Bergfried mit gigantischen Zinnen erhebt sich über der Klus, die Balsthal von Mümliswil trennt. Und unten, zwischen den hoch aufschiessenden Steilhängen, kauert förmlich eingezwängt die kleine Kapelle St. Wolfgang.

Das Duett hat seinen Reiz: Unten die wahrscheinlich im Jahr 1475 erbaute Wallfahrtskapelle, in deren Innern barocke Engelfiguren des Solothurner Wandmalers Gregor Sickinger zu finden sind. Und oben die Burgruine, etwa 300 Jahre älter. 1374 wurde Neu-Falkenstein von den Baslern belagert, da der Freiherr Henmann von Bechburg bei Balsthal einen Kaufmannszug überfallen, geplündert und die Beute hierhergeschleppt hatte. Das Deliktsgut bestand vor allem aus dem wertvollen Gewürz Safran, weshalb die gewalttätige Episode als «Safrankrieg» in die Geschichte einging. Nach zwei Wochen ergaben sich die Belagerten und wurden gefangen genommen. Die Knechte wurden geköpft und die Edelleute ins Gefängnis geworfen. Der Haupttäter allerdings, Henmann von Bechburg, schaffte es zu entkommen.

Fast 400 Jahre lang lebten solothurnische Landvögte auf Neu-Falkenstein und hielten die Bevölkerung mit harter Hand unter Kontrolle, bis ins Jahr 1798, als die Burg von Anhängern der Französischen Revolution gestürmt und niedergebrannt wurde. Die Aufhebung der Landvogtei bekam auch die Kapelle zu spüren. Sie verlor stark an Bedeutung. Die Ortsbezeichnung St. Wolfgang gibt es über 20 Mal im deutschsprachigen Raum, den Namen Falkenstein sogar über 25 Mal. Aber nirgendwo sonst ausser in Balsthal findet man diese spannende Kombination der beiden.

Adresse Lobiseystrasse, 4710 Balsthal | **ÖV** Bus 115 bis Haltestelle Balsthal St. Wolfgang | **Anfahrt** A 1, Ausfahrt Oensingen, von Balsthal Richtung Mümliswil | **Tipp** Ein Gotteshaus mit deutlich besserer Fernsicht ist die St.-Pankratius-Kirche zwischen Aedermannsdorf und Matzendorf. Sie liegt auf einer sanften Anhöhe – ein attraktiver Aussichtspunkt.

9__ Die geologische Wanderung

Wandeln auf dem Meeresgrund

14 Kilometer Weg, 400 Höhenmeter Auf- und 500 Höhenmeter Abstieg: So viel Schweiss kostet eine Reise in die Vergangenheit. Die «geologische Wanderung» führt nicht nur rund um Bärschwil, sondern beleuchtet den Jura auch von seiner steinernen Seite. Wann ist der Faltenjura entstanden, und wie kam es zu Versteinerungen? Warum ist Gipskeuper der Alptraum der Tunnelbauer? Und wie fühlt es sich an, auf ehemaligem Meeresgrund und Korallenriffen zu wandeln? Diese und viele weitere Fragen werden nach der geologischen Wanderung beantwortet sein. An 15 informativen Stationen vertiefen Tafeln geologische Besonderheiten des jeweiligen Standorts.

Bärschwil ist für eine Expedition in die Erdwissenschaft bestens geeignet, denn die dortige Jurafalte – «Vorbourg-Gewölbe» genannt – ist exemplarisch angeschnitten und bietet einen tiefen Einblick in ihr Inneres, verschiedenartige Gesteine von der Trias- bis zur Jurazeit inklusive.

Auf der geologischen Wanderung zeigt der Solothurner Jura sich sowohl anstrengend als auch schön. Die Tour beginnt am Hölzlirank (Postauto-Haltestelle) und führt im Gegenuhrzeigersinn um den halbklusartigen Talkessel von Bärschwil. Nach Wald und Juraweiden wandert man auf dem Panoramaweg. Auf der Südseite der Krete, in deren Nähe dieser entlangführt, befindet sich übrigens bereits die Romandie. Im Fall von Bärschwil sollte man also eigentlich nicht von einem Röstigraben, sondern von einem Röstiberg sprechen …

Zum Schluss der Wanderung geht's hinunter ins enge, teilweise canyonartige Tal des Modlenbachs. Hier steht die sogenannte «Rote Brücke» neben der Kantonsstrasse, über die bis zur Mitte des 20. Jahrhunderts mit dem Gipsbähnli der geförderte Gips zur Bahnlinie geschafft wurde. Auf einem kleinen Abstecher kann man die Kalköfen Stritteren besuchen, welche, wie der Name schon sagt, bis etwa um 1900 zum Brennen von Kalk genutzt wurden.

Adresse 4252 Bärschwil, www.rockvalley.ch/geologische-wanderung | ÖV Bus 114 ab Laufen BL bis Haltestelle Bärschwil Hölzlirank | **Anfahrt** A 18 und Route 18 bis Laufen, dann Hauptstrasse Richtung Bärschwil | **Tipp** Das mittelalterliche Städtchen Laufen (Basel-Landschaft) ist einen gemütlichen Bummel wert – mit Einkehr im Strassencafé.

10 Die Straussenfarm
Sowohl Fisch als auch Vogel

Die Landwirtschaft ist ein schwieriges Geschäft, das Innovation erfordert. Dass es aber auch so richtig exotisch werden kann, beweist die Familie Fisch mit ihrem Galloway- und Straussenhof in Bättwil. 2006 siedelte sie vom Dorf auf die Egg und stellte gleichzeitig von klassischer Milchwirtschaft auf Fleischproduktion um. Und das nicht nur mit Gallowayrindern (die damals ebenfalls noch eher exotisch waren), sondern zusätzlich mit Straussen. Betriebe, die Strausse als Nutztiere halten, sind in der Schweiz dünn gesät. Dabei seien die grössten Vögel der Welt in der Haltung relativ unkompliziert, sagen die Fischs. Weder Kälte noch Hitze bereiten ihnen grössere Probleme, nur die Jungtiere müssen vor Durchzug geschützt werden.

In Bättwil wohnt Zuchthahn Zorro mit drei Hennen zusammen und sorgt fürs Brutgeschäft. In einem anderen Gehege leben der hauseigene Nachwuchs sowie zugekaufte Jungtiere. Im Alter von rund anderthalb Jahren sind sie schlachtreif. Zwar ist das sehr cholesterinarme und daher gesunde Fleisch das Hauptprodukt der Strausse, aber auch Eier können verkauft werden. Ein Straussenei hat etwa den Inhalt von 24 Hühnereiern. Man kann also ein richtig grosses Rührei daraus machen – oder Eierkirsch. Auch Leder und Federn der Tiere finden Anklang. Die Fischs verkaufen das Fleisch nicht nur frisch, sondern auch als Trockenfleisch, Hamburger oder Merguez – sowohl direkt ab Hof als auch auf Märkten.

Strausse brauchen übrigens relativ viel Platz, da sie als Savannenbewohner hin und wieder gern rennen, und zwar ziemlich schnell – sie können im Sprint bis zu 70 Kilometer pro Stunde hinlegen und wären damit also schon fast autobahntauglich. Gefüttert werden die Bättwiler Strausse mit Mais, Weizen aus eigenem Anbau, Salat, Kartoffeln und Kraftfutter. Zudem brauchen sie Steine für die Verdauung, und ein Sandbad für die Federpflege ist ebenfalls wichtig für das Strauss'sche Wohlbefinden.

Adresse Unterer Eggweg 1, 4112 Bättwil, www.gallowayundstraussenhof.ch | ÖV
Tram 10 nach Bättwil Dorf | Anfahrt A 18, Ausfahrt Reinach-Süd, via Therwil BL,
Hof zwischen Biel-Benken BL und Bättwil | Tipp Von exotischen Tieren zum Heimat-
lichen: Im Museum Pfeifen- und Stockfabrik in Kleinlützel kann man erleben, wie eine
Tabakpfeife entsteht – nicht nur irgendeine, sondern ein echtes Heimatstil-Modell mit
Deckel (www.schwarzbubenland.info, Suchbegriff: Pfeifenfabrik).

11 Das Kloster
Konfessionswechsel am Passwang

Das Kloster Beinwil liegt seit bald 1.000 Jahren abgeschieden am Pass- und Pilgerweg über den Passwang, einem historischen Verbindungsweg über den Jura. Archäologische Funde lassen vermuten, dass hier sogar schon viel früher eine vorchristliche Kult- und Begräbnisstätte bestand.

Ende des 11. Jahrhunderts gründete ein Benediktinerabt das Kloster, das auch stets Hospiz für Durchreisende war. Bis ins 14. Jahrhundert schwelgte es in Reichtum, sowohl geistlich als auch materiell: Es gab unter anderem eine Schule, eine Käserei, eine Sägerei und eine Schmiede. Auch beim Erzabbau mischten die Mönche mit. Später geriet das Kloster Beinwil in die Wirren zwischen den Städten Basel und Solothurn und wurde mehrmals gebrandschatzt. 1648 zogen die letzten Mönche um ins neu gegründete Kloster Mariastein (siehe Ort 56). Weitere Wirren zwischen Kirche und Staat sowie Feuersbrünste und andere Unbill setzten dem Klostergebäude immer wieder zu, das letzte Mal brannte die Kirche 1978 ab, wurde aber schnell wiederaufgebaut.

Bis Ende 2018 lebte eine ökumenische Gemeinschaft im Kloster, deren Mitglieder auswärts arbeiteten und nach der benediktinischen Regel «ora et labora et lege» lebten. Seit 2019 liegt das Kloster in griechisch-orthodoxen Händen: Mönche und Nonnen führen in Beinwil ein Leben in Gebet und Stille, aber auch in Gastfreundschaft. Im 21. Jahrhundert wurde aus dem ehemaligen Benediktinerkloster also das «Heilige Orthodoxe Kloster Johannes Kapodistrias Beinwil» – was im Tal positiv aufgenommen wurde, wie allenthalben zu erfahren ist.

Der Solothurner Regierungsrat und ehemalige Beinwiler Gemeindepräsident Remo Ankli sagte gegenüber dem katholischen Pfarrblatt «Kirche heute», dass die schwarz gekleideten Klosterleute für die «Beibeler» keine Fremdkörper seien, sondern sie darin einen Bezug zur Tradition der Benediktiner sähen.

Adresse Kloster 109, 4229 Beinwil | ÖV Bus 115 ab Zwingen BL bis Haltestelle Beinwil Kloster | **Anfahrt** A 1, Ausfahrt Oensingen, dann Passwangstrasse | **Tipp** Beinwil hat sogar einen eigenen Skilift, und zwar bei der Hohen Winde. Die Talstation liegt auf 760 Metern, die Bergstation 300 Höhenmeter weiter oben (www.hohe-winde.ch).

12 Die Wandflue

Der Sturz des letzten Solothurner Bären

Die Wandflue oder Wandfluh ist ein circa 2,5 Kilometer langer und 50 Meter hoher Felsabbruch auf der ersten Jurakette oberhalb der Gemeinde Bettlach. Sie entstand nach einem gewaltigen nacheiszeitlichen Felssturz, auf dessen Schuttkegel das heutige Dorf Bettlach steht. Die Felswand gehört neben der Balmflue, der Hasenmatt und der Stallflue zu den markantesten landschaftlichen Merkmalen der ersten Solothurner Jurakette. Sie kann von erprobten und ausdauernden Wanderern ohne Kletterausrüstung auf zwei Routen durchstiegen werden. Der etwas bequemere Wanderer erreicht die Wandflue über die Hochebene des Obergrenchenbergs. Es besteht die Möglichkeit, auf einem Fusspfad der Abbruchstelle oberhalb der Felswand entlangzuwandern. Allerdings ist auch hier Vorsicht geboten. Der Weg ist nur schwindelfreien Berggängern zu empfehlen, da die Felskante nicht durch einen Zaun gesichert ist.

Das wurde im Jahr 1754 dem letzten Bären im Kanton Solothurn und einem Holzfäller zum Verhängnis, welcher mit ein paar anderen auf dem Obergrenchenberg Bäume fällte, die sie über die Wand in den Abgrund warfen, um sie später unten zu verkohlen. Bei einbrechender Nacht zogen sich seine Kameraden zur Ruhe zurück, während er selbst einen letzten Baum fällen wollte. Dabei wurde er von einem Braunbären überrascht. Der Mann verwundete den Bären, der ihn sogleich umklammerte. Die beiden rangen miteinander, bis sie in den Abgrund stürzten. Der schwerere Bär schlug zuerst auf. Der auf ihm liegende Holzfäller überlebte den Sturz, verlor aber ein Bein. Die Holzskulptur eines aufgerichteten Bären beim Oberen Brüggli unterhalb der Wandflue erinnert an dieses Ereignis.

Bei klarem Wetter hat man eine grandiose Aussicht über die ganze Wand Richtung Westen und die erste Jurakette mit Hasenmatt und Weissenstein. Im Süden breiten sich vor einem die Alpen von der Ostschweiz bis zum Mont Blanc aus.

Adresse Koordinaten: 2 597'136.500, 1 230'932.125, 2544 Bettlach | **ÖV** Bus 38 ab Bahnhof Grenchen bis Haltestelle Untergrenchenberg (stündlich), Fussmarsch bis Obergrenchenberg circa 45 Minuten | **Anfahrt** im Zentrum von Grenchen Richtung Grenchenberge bis Obergrenchenberg fahren, mögliche Verkehrseinschränkungen | **Tipp** Bei einem kleinen Abstecher während des Abstiegs vom Grenchenberg via Bettlacherberg kann man die Überreste der mittelalterlichen Burg Grenchen («Bettleschloss») besichtigen (Koordinaten: 2 597'386.750, 1 229'802.750).

13 Das Naturbad

Chemiefreier Badespass

Die Badi Frohmatt hat Pioniercharakter. Nicht nur ist sie die zweitälteste Badeanstalt der ganzen Nordwestschweiz, sondern sie wurde mit dem Entscheid des Souveräns, sie in ein Naturbad umzubauen, auch auf ganz neue Wege geschickt. Als die Anlage im Sommer 2007 für die Bevölkerung eröffnet werden konnte, waren die Breitenbacherinnen und Breitenbacher stolze Besitzer einer der ersten öffentlichen Naturbadeanstalten der Schweiz.

Es gibt neben dem 25-Meter-Becken (Tiefe: 1,35 Meter) auch ein Nichtschwimmerbecken und ein Planschbecken mit Wasserfall. Eine Liegewiese und ein Kiosk runden das baditypische Angebot ab.

Ein Naturbad setzt – wie der Name schon sagt – auf eine ursprüngliche Wasseraufbereitung. Es werden also weder Chlor noch andere Chemikalien genutzt, um das Badewasser zu reinigen, sondern dies erledigen natürliche Mikroorganismen, Wasserpflanzen und Kies. Um diese ökologischen «Filterer» nicht zu beeinträchtigen, herrschen in der Frohmatt einige besondere Baderegeln, die in einem herkömmlichen chemischen Schwimmbad nicht so eng gesehen werden. So muss man sich etwa vor dem Baden gründlich duschen und alles Deo oder Make-up abwaschen. Es darf nur wasserfestes Sonnenschutzmittel verwendet und es dürfen nur Badkleider, Bikinis respektive beinfreie Badehosen getragen werden. Am Beckenrand darf weder gegessen noch getrunken werden.

Dass es für die natürliche Reinigung des Badewassers eine Flachwasserzone mit Kieselsteinen braucht, ist nicht nur ökologisch, sondern sorgt auch für ein wenig Strandfeeling. In dem Teil des Bads, wo das Wasser sich regeneriert, wächst Schilf, und auch das eine oder andere Wassertier kann hier wohnen. Das Wasser hat je nach Sonneneinstrahlung einen Grünstich, und die Bäume auf der Liegewiese spenden Schatten. Für die Augen ist das Naturbad in zweierlei Hinsicht gut: Sie sehen Natur, und es gibt kein Chlor, das sie rot verfärbt.

Adresse Frohmattweg 4, 4226 Breitenbach, www.breitenbach.ch | **ÖV** Bus 115 ab Zwingen BL bis Haltestelle Breitenbach Bandfabrik | **Anfahrt** A 1, Ausfahrt Oensingen, dann Passwangstrasse, Parkplätze vorhanden | **Öffnungszeiten** Di–Fr 10–20 Uhr, Sa, So 10–19 Uhr, nur im Sommer | **Tipp** Im Untergeschoss der Aula der Primarschule Breitenbach befindet sich ein kleines Industrie-Museum.

14 Die Apfelzucht

Die tollen Äpfel der Brigitte B.

Die Öffnung der Märkte durch bilaterale Verträge mit der EU und anderen Staaten setzte die einst mit Subventionen und Schutzzöllen abgeschottete Schweizer Landwirtschaft vermehrt dem Druck aus, sich gegen kostengünstige Importprodukte durchzusetzen. Viele Betriebe in landwirtschaftlich geprägten Regionen des Kantons nahmen die Herausforderung an und vermochten sich mit der Ausrichtung auf Nachhaltigkeit und Ökologie erfolgreich zu positionieren. Einer von ihnen ist der Biohof Rigi in Hessigkofen.

Im Jahr 1985 übernahm das junge Agronomenpaar Regula und Niklaus Bolliger den Rigihof. Zunächst holten sie das Beste aus dem kargen, ausgelaugten Boden heraus. Querdenken und das Aufbrechen verkrusteter Strukturen waren das Credo der beiden Jungbauern. Sie sanierten den Boden nach den Prinzipien der biodynamischen Landwirtschaft. Er lohnte es ihnen mit gesteigerten Ernteerträgen. Im Lauf der Zeit wurde aus dem klassischen Bauernhof ein biodynamischer Agrarbetrieb, der heute seine Produkte erfolgreich mit Direktverkäufen ab Hofladen und auf dem Solothurner Wochenmarkt absetzt.

Seit Ende der 90er Jahre widmet sich Niklaus Bolliger der Aufzucht neuer Apfelsorten mit dem Ziel, qualitativ hochstehende und gleichzeitig robuste Sorten zu entwickeln, die möglichst keine Behandlung mit Schädlingsbekämpfungsmitteln benötigen. Er arbeitet für verschiedene Projekte unter anderem eng mit dem landwirtschaftlichen Bundeskompetenzzentrum Agroscope und ausländischen Züchtern zusammen. Aus 1.000 Kernen handbestäubter Apfelblüten werden fünf bis zehn Sortenkandidaten selektioniert und in Versuchsbetrieben ausgetestet. Einer davon trägt die Sortennummer BB 53. Die knackige runde Frucht und das Kürzel erinnerten manche an eine berühmte französische Schauspielerin der 50er und 60er Jahre. Seither ist die Haussorte «Brigitte B.» ein Verkaufsschlager auf dem Solothurner Samstagsmarkt.

Adresse Biohof Rigi, Mühledorfstrasse 17, 4577 Hessigkofen, www.biohof-rigi.ch | Anfahrt A 5, Ausfahrt Grenchen, Richtung Arch, weiter auf Aarestrasse, beim Kreisverkehr links abbiegen (zweite Ausfahrt) auf die Hauptstrasse 22 | Öffnungszeiten Verkaufsstand auf dem Solothurner Wochenmarkt ganzjährig Sa 7.45 – 12.15 Uhr | Tipp Noch grösser und runder gefällig? Die Kürbis-Erlebniswelt von Lüterkofen-Ichertswil ist ein lehrreicher Freizeitpass rund um das vielseitige Gemüse einschliesslich Kürbislabyrinth (www.weyeneth-kuerbis.ch).

15 Das «Buechischlössli»

Kuscheljustiz im 16. Jahrhundert

Solothurner Bescheidenheit dürfte der Grund sein, weshalb der als Schloss Buchegg bekannte Turm im Volksmund mit dem einheimischen Diminutiv genannt wird. Tatsächlich befand sich an der Stelle des heutigen Baus einst eine grosse Burganlage, die vermutlich im 11./12. Jahrhundert als Sitz der Grafen von Buchegg entstanden war. Ab dem 13. Jahrhundert hatten die Buchegger die Verwaltung der Landgrafschaft Kleinburgund inne, welche die Gebiete rechts der Aare zwischen dem Berner Oberland und dem Jurasüdfuss umfasste. Das ging gut bis zu Beginn des 14. Jahrhunderts, als entweder die Habsburger oder die Neu-Kyburger oder beide ihnen das Landgrafenamt missgönnten. Jedenfalls nötigten Erstere die Buchegger, dieses an Letztere abzutreten. Die neuen Herren wurden damit allerdings auch nicht glücklich. Jahrzehnte später hatte Graf Rudolf II. von Neu-Kyburg die diplomatisch eher ungeschickte Idee, mit einer Mordnacht die finanzielle Unterstützung Solothurns zu erzwingen. Das Unterfangen wurde dank eines gewissen Hans Roth aus Rumisberg vereitelt (siehe Ort 96) und war der Auslöser des Burgdorfer Krieges, der dem Neu-Kyburger den Rest gab und 1383 die Zerstörung des Schlosses zur Folge hatte.

Mitte des 16. Jahrhunderts waren die über den Bucheggberg Gerichtshoheit haltenden Berner der Ansicht, man könne Bucheggberger Sträflingen fortan nicht zumuten, im Kerker des wasserämtischen Turms zu Halten (siehe Ort 39) untergebracht zu werden. Sie verlangten von Solothurn den Bau des heutigen Schlossturms als Gefängnis. Damit ist das «Buechischlössli» gewissermassen der historische Beleg einer frühen Kuscheljustiz.

Heute werden im Schlossturm Ausstellungen von Werken regionaler Künstler sowie weitere kulturelle Anlässe durchgeführt. Und wer nach der Verköstigung mit historischen und kulturellen Leckerbissen leiblichen Hunger und Durst verspürt, findet Abhilfe gleich nebenan im freundlichen Restaurant «Schloss Buchegg».

Adresse Schloss Buchegg, Dorfstrasse 13, 4586 Kyburg-Buchegg, www.schlossbuchegg.ch |
Anfahrt A 5, Ausfahrt Solothurn-West oder Solothurn-Süd, Richtung Biberist und Lohn-
Lüterkofen, von dort Richtung Kyburg und Limpachtal bis Abzweiger nach Buchegg |
Öffnungszeiten Kontakt und Infos zu Ausstellungen siehe Webseite | Tipp Das Restaurant
«Zum Löwen» in Messen mit seiner Fachwerkfassade im Berner Riegelbau-Bauernhaus-
Stil aus dem frühen 19. Jahrhundert lohnt einen Abstecher durch das Limpachtal
(www.loewen-messen.ch).

16 Die Sandsteingrube

Ungemütliche Wohnhöhle

Wer von Aetigkofen auf der Bocksteinstrasse Richtung Norden wandert, gelangt zum Aussichtspunkt Oberbockstein. Er liegt auf einer Anhöhe des Bucheggberg-Höhenzuges und erlaubt die Weitsicht Richtung Süden zu den Berner Voralpen und Alpen. Im Norden öffnet sich der Blick auf die erste Jurakette bis weit nach Osten.

Das Panorama ist bei klarem Wetter beeindruckend, doch die eigentliche Überraschung erwartet den neugierigen Wanderer, wenn er den Wald betritt und sich vor ihm unvermittelt ein riesiges Loch mit senkrechten Felswänden auftut, dessen Durchmesser zehn bis 15 Meter beträgt.

Im 16. Jahrhundert herrschte eine grosse Nachfrage nach Mühlsteinen. Eine bestehende Grube in Unterramsern konnte den Bedarf nicht mehr decken, was den Rat zu Solothurn veranlasste, im Jahr 1527 den aus Mühledorf stammenden Andreas Gugger mit dem Betrieb einer Sandsteingrube zu beauftragen. Sandstein erwies sich für die Verwendung als Mühlsteine jedoch als zu weich, und der Grubenbetrieb wurde schliesslich eingestellt. Erst ab 1777 erhielten Bendicht Wyss und der Maurermeister Jakob Ziegler wiederum das Recht zur Ausbeutung. Damals war der Sandstein der Bocksteingrube wegen seiner Struktur beliebt. Ab Mitte des 19. Jahrhunderts wurde nur noch Material für Ofenplatten gebrochen. Der letzte Steinhauer, der «Grubendurs», wohnte mit seiner Frau, dem «Grubennänni», bis zu seinem Tod 1890 in einer notdürftigen Wohnhöhle im Steinbruch. Sowohl der Aussichtspunkt auf dem Hügelzug als auch die Grube selbst sind beliebte Rast- und Picknickorte. Etwas abenteuerlich mutet der Zugang durch einen Tunnel an, der südlich unterhalb des Aussichtspunktes von der Strasse aus erreichbar ist. Von dort gelangt man zu besagter Wohnhöhle, die Zeugnis davon ablegt, unter welchen Entbehrungen die damaligen Grubenarbeiter ihre Arbeit verrichten und ihr Leben fristen mussten.

Adresse Koordinaten: 2 601'701.200, 1 219'740.350, Bocksteinstrasse, 4583 Aetigkofen | Anfahrt A 5, Ausfahrt Grenchen, Richtung Arch, weiter auf Aarestrasse, beim Kreisverkehr links abbiegen (zweite Ausfahrt) auf die Hauptstrasse 22, in Arch rechts Richtung Gossliwil und Aetigkofen abbiegen, Bocksteinstrasse | Tipp Nach der Wanderung durch den Bucheggberg sollte man sich im Restaurant des Golfplatzes Limpachtal einen Apéro, ein Mittagessen oder ein Zvieri (Jause) gönnen (www.golf-limpachtal.ch).

17__Der Zoo Sikypark
Grosskatzen im Jura

Der Sikypark im Berner Jura in der Nähe von Gänsbrunnen ist ein beliebtes Familienausflugsziel der Solothurner. In seiner heutigen Form hat der Zoo seinen Ursprung im Kanton Solothurn.

Im Jahr 2015 musste der Tierdompteur René Strickler seinen Raubtierpark räumen, wo er seit 2004 ehemaligen Zirkustieren im wasserämtischen Subingen ein Heim geboten hatte. Dem ging ein zehnjähriges juristisches Tauziehen mit dem Besitzer, einer Solothurner Immobiliengesellschaft, voraus, die den Mietvertrag bereits 2009 gekündigt hatte. Strickler konnte zwei Mieterstreckungen erreichen, bis das Amtsgericht einen Räumungsbefehl erliess, der mit einem Weiterzug durch alle Instanzen verzögert wurde. Ein Rettungsprojekt für die Raubkatzen wurde 2016 ins Leben gerufen, als Strickler und eine Investorengruppe das Gelände der Sikyranch im bernisch-jurassischen Crémines erwarben. Die ersten Umbauarbeiten für den Zoo begannen im Frühjahr 2017 teilweise parallel zum Besuchsbetrieb. März bis August 2018 wurden die Gehege der Raubkatzen in Angriff genommen. Die Pumas aus Subingen zogen schliesslich im April ein, und im August wurde der Sikypark nach der gestaffelten Übersiedlung der Löwen und Tiger offiziell eröffnet.

Neben Löwen, Tigern und Pumas in ihren grosszügigen, in die Juralandschaft eingefügten Gehegen sind im Sikypark heimische Wildtiere und Greifvögel zu bewundern. Exotische Kleintierarten wie Gelbbrustaras, Erdmännchen und Kapuzineraffen haben dort ebenfalls ein Zuhause gefunden. Im Eingangsbereich werden Nutz- und Haustiere wie Schweine, Ziegen und Alpakas gehalten, die gern die Zuneigung und Streicheleinheiten der Kinder über sich ergehen lassen. Eine besondere Attraktion ist das Sikychalet, wo man bei Voll- oder Halbpension inmitten von Löwen, Tigern und Wölfen übernachten kann. Eines der Ziele des Zoos ist es, Zirkus- und Zootieren einen würdevollen letzten Lebensabschnitt zu ermöglichen.

Adresse La Laimène 242, 2746 Crémines, www.sikypark.ch | **ÖV** Regio-Zug stündlich ab Solothurn oder Solothurn-West Richtung Moutier, Haltestelle Crémines Zoo, Fahrzeit: 23 Minuten | **Öffnungszeiten** 365 Tage im Jahr, Mitte März – Ende Okt. 9–18 Uhr, Anfang Nov. – Mitte März 9–17 Uhr | **Tipp** Das Bergrestaurant «Oberdörfer» auf dem Oberdörferberg, zweite Jurakette bei Gänsbrunnen, ist ein beliebtes Ausflugsziel mit regionalen Spezialitäten (www.oberdoerfer.ch).

18 Das Kernkraftwerk Gösgen

Koloss mit Verfalldatum

Das KKW Gösgen ist eines der drei verbleibenden Kernkraftwerke mit insgesamt vier Reaktoren der Schweiz und der einzige Reaktor auf Solothurner Boden. Seit 1979 in Betrieb, ist er der zweitjüngste. Als Folge des Erdbebens und des darauf folgenden Tsunamis im japanischen Fukushima 2011 hatten das schweizerische Parlament und die Regierung beschlossen, den zur Debatte stehenden Weiterausbau von Kernkraftwerken in der Schweiz zu sistieren. Trotz des fortgeschrittenen Alters des Atommeilers, mehreren Störfällen sowie Forderungen der Kernkraftgegner läuft Gösgen gegenwärtig mit einer unbefristeten Betriebsbewilligung. Charakteristisch an der Anlage ist der 150 Meter hohe Kühlturm, der erste seiner Art in der Schweiz. Nach anfänglicher Euphorie wurde der Gösgener Turm zum zwiespältigen Symbol. Für die einen war er Symbol des technischen Fortschritts und der sauberen Energie, für die anderen stellt er eine permanente Bedrohung dar. An klaren Tagen ist die gigantische Dampfwolke über Dutzende von Kilometern zu sehen. Wenn man beispielsweise auf der Autobahn A 1 bei Bern über die Grauholzhöhe Richtung Zürich fährt, sticht die Dampfsäule über eine Distanz von mehr als 50 Kilometern ins Auge.

Der Kanton Solothurn blickt auf eine bewegte Geschichte der Kernkraftnutzung zurück. Ursprünglich wurde das Projekt von den Sozialdemokraten und Gewerkschaften stark befürwortet, in den frühen 70er Jahren kehrte die Stimmung gegen das Bauvorhaben. Im Frühjahr 1977 demonstrierten Tausende, darunter der Solothurner Autor Otto F. Walter, gegen das fast fertiggestellte Kernkraftwerk. Sie blockierten die Zufahrtsstrassen, um die Anlieferung der Brennelemente zu verhindern. Mit einer damals im Kanton Solothurn selten gesehenen Vehemenz musste die Polizei die Menschenmenge mit Tränengas auseinandertreiben. Trotz unbefristetem Betrieb dürfte Gösgen ein Koloss mit Verfalldatum bleiben.

Adresse Kraftwerkstrasse, 4658 Däniken, www.kkg.ch | Anfahrt A 1, Ausfahrt Rothrist, dann auf Hauptstrasse 2 Richtung Olten und weiter Richtung Aarau bis Dulliken, dort Wegweiser nach Gösgen folgen | Öffnungszeiten Besucherzentrum/Ausstellung: Mo–Sa 8–17 Uhr, So und Feiertage geschlossen | Tipp Und dann zurück zur Natur: Der Wildpark Mühletäli bei Starrkirch-Wil liegt in malerischer Umgebung und ist Heimat für einheimische Berg-, Wiesen- und Waldtiere (www.wildpark-muehletaeli.ch).

19_Das Goetheanum

Wie ein Zahnarzt zum Betonkoloss verhalf

Zugegeben, auf den ersten Blick sieht das Goetheanum für einen Laien eher aus wie ein massiver Betonklotz als wie ein Gebäude unter kantonalem Denkmalschutz. Von Weitem sichtbar, überragt der graue Koloss das Birseck. Das Kulturgut von nationaler Bedeutung aus Sichtbeton wurde nach den Entwürfen Rudolf Steiners, des Begründers und geistigen Vaters der Anthroposophie, gebaut. Der nicht unumstrittene österreichische Geisteswissenschaftler und Philosoph errichtete sein Zentrum in Dornach, nachdem sich entsprechende Pläne in München als schwierig erwiesen hatten. Ein anthroposophischer Zahnarzt aus Basel hatte Steiner ein Grundstück auf dem sogenannten Dornacher «Bluthügel» vermittelt, auf dem im Jahr 1499 die Eidgenossen die Schwaben im «Schwabenkrieg» vernichtend geschlagen hatten. Rudolf Steiner gefiel die Nähe sowohl zur Stadt Basel als auch zur Ermitage in Arlesheim, zu der er sich hingezogen fühlte.

Allerdings stiess Steiner mit seiner Lehre nicht nur auf Freunde. Das erste Goetheanum, ein riesiger Kuppelbau aus Holz, brannte in der Silvesternacht 1922/23 nieder. Man ging von Brandstiftung aus, doch die Ermittlungen wurden ergebnislos abgeschlossen. Drei Jahre bevor das zweite Goetheanum im Jahr 1928 fertig war, verstarb Rudolf Steiner.

Noch heute ist das Gebäude, das weitgehend frei ist von rechtwinkligen Ecken und Kanten, das Zentrum der antroposophischen Bewegung und beherbergt sowohl die Allgemeine Anthroposophische Gesellschaft als auch die Freie Hochschule für Geisteswissenschaft. Konzerte, Theater, Ausstellungen und andere kulturelle Veranstaltungen finden ebenso darin statt. Optisch soll es sich übrigens ans Bärenloch in Welschenrohr (siehe Ort 101) anlehnen.

Auch die Umgebung des Goetheanums ist für Freunde antroposophischer Architektur ein wahres Eldorado: In Dornach finden sich mehr als 180 weitere Häuser in ähnlichem Baustil.

Adresse Rüttiweg 45, 4143 Dornach, www.goetheanum.org | ÖV Bus 66 ab Bahnhof Dornach-Arlesheim bis Haltestelle Goetheanum | **Anfahrt** A 18, Ausfahrt Reinach-Süd, Wegweiser folgen | **Öffnungszeiten** täglich 8–22 Uhr | **Tipp** Die Ermitage im Nachbarort Arlesheim BL knapp hinter der Kantonsgrenze ist der grösste englische Landschaftsgarten der Schweiz und gilt als Kraftort.

20 Das Kloster Dornach

Zeitinsel im Zivilisationsbecken

Als das Kloster Dornach im 17. Jahrhundert erbaut wurde, stand es auf der grünen Wiese. Heute befindet es sich in unmittelbarer Nachbarschaft zum Bahnhof Dornach-Arlesheim, zu Banken und Supermärkten sowie einem Verkehrskreisel gleich neben der Kantonsgrenze Solothurn-Baselland. Obwohl sich die moderne Zivilisation längst um die alten Gemäuer formiert hat, ist das Kloster Dornach eine Art Oase der Stille und eine Zeitinsel im pulsierenden Alltag geblieben.

Ermöglicht durch eine Erbschaft von Maria Magdalena von Roll aus Solothurn – sie spendete 6.000 Gulden zur Gründung –, hatten seit dem Jahr 1676 die hier lebenden Mönche die Aufsicht über die Schlachtkapelle St. Magdalena. Über 300 Jahre bewohnten Kapuziner das Kloster, bevor der Betrieb wegen Nachwuchsmangel 1990 aufgelöst und die letzten Mönche auf andere Klöster verteilt wurden. 1999 schenkte der Kanton Solothurn die Anlage der «Stiftung Kloster Dornach».

Seit dem 21. Jahrhundert beheimatet das Ensemble aus Gebäuden und Garten die drei Sparten Kulinarik, Kultur und Kirche. Die Gastfreundschaft wird mit Restaurant und Hotellerie im «weltlichen Leben» weitergeführt. Die Hotelzimmer in den ehemaligen Klosterzellen tragen Namen wie «Hoffnung» oder «Fröhlichkeit». Eine Reihe kultureller Veranstaltungen wie Lesungen, Konzerte oder Ausstellungen belebt das Gebäude und den ausladenden Klostergarten. In der Klosterkirche finden regelmässig Gottesdienste der umliegenden Pfarreien statt.

Seit dem Jahr 2018 gibt es das Residency-Programm «Aussteigen auf Zeit». Hier können Wissenschaftlerinnen, Künstler und Kulturschaffende eine zehntägige schöpferische Auszeit vom hektischen Alltag nehmen. So ist das ehemalige Kapuzinerkloster nicht nur ein bedeutendes Kulturerbe, sondern noch immer ein Ort der Inspiration und der Einkehr – sowohl für die Seele als auch für den Gaumen.

Adresse Amthausstrasse 7, 4143 Dornach, www.klosterdornach.ch | **ÖV** Zug, Bus oder
Tram bis Bahnhof Dornach-Arlesheim | **Anfahrt** A 18, Ausfahrt Reinach-Süd, weiter nach
Dornach | **Öffnungszeiten** Mo–Sa 7–21 Uhr, So 7–20.30 Uhr | **Tipp** Auf der anderen
Seite der Bahngleise befindet sich das neue theater dornach, ein weit über die Region hinaus
bekannter kleiner Mehrspartenbetrieb (www.neuestheater.ch).

21 Die Nepomukbrücke

Wo der Heilige von der Katastrophe verschont blieb

So richtig nötig wäre die Nepomukbrücke, welche die beiden Birsufer unweit des ehemaligen Klosters (siehe Ort 20) verbindet, heute nicht mehr, denn gleich daneben führt die viel breitere Brücke der Bruggstrasse über den Fluss. Doch die Brücke des heiligen Nepomuk hat eine ebenso spannende wie dramatische Geschichte. Jahrhundertelang war sie die einzige Brücke über die Birs zwischen Angenstein und Münchenstein. Im Jahr 1501 erhielt sie ein steinernes Joch. Am 13. Juli 1813 stürzte sie ein.

Damals hatten ungewöhnlich heftige Regenfälle die Birs zum reissenden Fluss anschwellen lassen. Zahlreiche Schaulustige standen auf der Brücke, um die entfesselten Naturgewalten zu beobachten, als ein Teil der Brücke von Balken, Baumstämmen und anderem aufgestauten Geschiebe eingedrückt wurde und über 50 Menschen mit in die Fluten riss. 40 davon starben im Hochwasser, und nur durch den mutigen Einsatz einiger selbstloser Mitbürger konnten 13 Menschen gerettet werden. Von der grossen Tragödie war fast jede Familie aus Dornach betroffen.

Dank eines kurz nach dem Unglück verfassten Berichts weiss man auch heute noch relativ detailliert über die Geschehnisse Bescheid. Auch die Namen von sämtlichen «durch den Brückeneinsturz bei Dornach am 13. Heumonde 1813 verunglückten und geretteten Personen» sind noch bekannt, inklusive Alter und Beruf. Das jüngste der Opfer war zwölf, das älteste 61 Jahre alt. Der Brückenheilige Nepomuk übrigens, der damals wie heute in der Mitte steht und gütig auf Jesus an dem Kreuz schaut, das er in seinen kräftigen Händen hält, überstand das Unglück schadlos.

Dass man beim Überqueren der Nepomukbrücke so was wie eine kleine Zeitreise antritt, untermalt eine Reklameinschrift an einem benachbarten Haus. Da wird nämlich für den «Verkauf sämtl. Landwirtschaftl. Maschienen u. Geräthe, Pflüge, Jauchepumpen, Dezimalwagen etc.» geworben.

Adresse 4143 Dornach | ÖV Zug, Bus oder Tram bis Bahnhof Dornach-Arlesheim |
Anfahrt A 18, Ausfahrt Reinach-Süd, weiter nach Dornach | Tipp Da die Birs im Normal-
fall kein gefrässiges Monster, sondern ein ruhig dahinfliessender Fluss ist, bietet sich ein
Spaziergang auf dem Birsuferweg an, am besten mit Besuch in der Reinacherheide, einem
bedeutenden Naturschutzgebiet mit Biberpopulation.

22 Die Ruine Dorneck

Bollwerk gegen Basel

Hohe Mauern, massive Türme, tiefe Brunnen, Zwinger, ein sogenannter Hexenturm und eine grosse Wetterföhre, die aus dem Bollwerk wächst: Das Schloss Dorneck ist, obwohl heute nur noch als
Ruine erhalten, eine eindrucksvolle Erscheinung. Die Festung zählt
zu den grössten Anlagen der Nordwestschweiz und hat eine lange
und bewegte Geschichte.

Wie andere Burgen der Region fiel die erste Version der Dorneck
dem grossen Erdbeben von Basel 1356 zum Opfer, wurde aber schnell
wiederaufgebaut, denn zu gross war ihre strategische Bedeutung mit
freiem Zugang nach Basel und zum Oberrhein. Wohl auch deshalb
kaufte die Stadt Solothurn die Burg im Jahr 1485 für nicht einmal
2.000 rheinische Gulden und stationierte einen Landvogt in der Festung, die als Bollwerk gegen die Basler bestens geeignet war. Laufend
wurde sie ausgebaut und militärisch aufgerüstet, und so überstand
die Dorneck durch die Jahrhunderte verschiedene Belagerungen und
sogar den Dreissigjährigen Krieg. Doch im Jahr 1798 ereilte sie das-
selbe Schicksal wie zahlreiche andere Burgen der Nordwestschweiz:
Sie wurde im Nachhall der Französischen Revolution eingenom-
men und geplündert und brannte zum Teil nieder. Später nutzten
sie die Einwohner der umliegenden Gemeinden als Steinbruch für
ihre eigenen Häuser, bis ihre Überreste im Jahr 1902 letztmals den
Besitzer wechselten.

Dann nämlich schenkten sie die damaligen Burgeigentümer, die
Bürger von Dornach, dem Kanton Solothurn, welcher die Überreste
der einst stolzen Burg konservierte und seither für ihren Unter-
halt aufkommt. Die Dorneck ist also eines jener Geschenke, die
zwar finanziell gesehen deutlich mehr Bürde als Gabe sind, aber ihr
ideeller Wert ist nicht zu unterschätzen. Heute ist sie ein beliebtes
Ausflugsziel und bietet als Naherholungsort für Alt und Jung einen
eindrücklichen Blick übers Birseck und die Stadt Basel bis in die
Vogesen.

Adresse Schlossweg, 4143 Dornach | **ÖV** Zug, Bus oder Tram bis Bahnhof Dornach-Arlesheim | **Anfahrt** A 18, Ausfahrt Reinach-Süd, weiter nach Dornach | **Öffnungszeiten** Mitte März – Mitte Nov. rund um die Uhr | **Tipp** Das Ausflugsrestaurant Schlosshof mit grosser Sonnenterrasse liegt in wenigen Minuten Fussdistanz zur Ruine (www.schlosshof-dornach.ch).

23 Das zerschnittene Dorf
Wo man sich übern Bach anspuckte

Erlinsbach ist schon seit Jahrhunderten kein Dorf wie andere. Der Erzbach, der durch die Gemeinde fliesst, bildet gleichzeitig die politische Grenze zwischen den Kantonen Solothurn und Aargau. Lange war dies auch weiter kein Problem – im Mittelalter hatte die Bevölkerung noch andere Sorgen –, doch im Jahr 1528 bekannte sich Bern zur Reformation. Das Aargauer Erlinsbach, welches damals unter Berner Herrschaft stand, wurde somit reformiert, während die Nachbarn im Solothurnischen katholisch blieben. Keine einfache Situation: Aus der politischen Grenze wurde auch eine religiöse. Noch heute gibt es im Aargauer Dorf den Reformationsweg, den die Reformierten nehmen konnten, um auf ihrem Gang zur Kirche kein katholisches Territorium betreten zu müssen. Auf der anderen Seite wiederum gibt es den Pfaffenweg.

Lange mochte man sich nicht. Es heisst, noch bis weit ins 20. Jahrhundert habe man sich gegenseitig über den Erzbach hinweg angespuckt, was den Erlinsbachern den Übernamen «Speuz» einbrachte. Und wer jemanden aus dem «Feindesland» heiratete, musste damit rechnen, ausgestossen zu werden. Erst in der zweiten Hälfte des 20. Jahrhunderts entspannte sich die Situation, und 1973 konnten die beiden Dörfer sogar zusammen ihr 800-Jahr-Jubiläum feiern.

Heute ist die Grenze, die sich durch den Bach zieht, weitgehend unsichtbar, und gemäss einer Umfrage wünschen sich sogar fast zwei Drittel der Erlinsbacher eine Fusion mit den Nachbarn jenseits der Kantonsgrenze: Neuzuzüger und Ausländer sind die flammendsten Verfechter eines Zusammenschlusses, während Alte und Alteingesessene die Sache kritischer sehen.

Unterschiede hin oder her: Heute geht in Erlinsbach vieles Hand in Hand. Die Schule wurde längst zusammengelegt, es gibt eine gemeinsame Feuerwehr, ein gemeinsames Altersheim, eine Bundesfeier und eine Fasnacht. Und einen brüderlichen Internetauftritt.

Adresse 5015 respektive 5018 Erlinsbach, www.erlinsbach.ch | ÖV Bus 2 ab Aarau
Bahnhof bis Haltestelle Erlinsbach Rössli | Anfahrt A 1, Ausfahrt Rothrist, Route 5
Richtung Erlinsbach | Tipp So nahe an der Stadt Aarau bietet sich ein Abstecher in die
einstige Hauptstadt der Helvetischen Republik (immerhin für ein halbes Jahr war sie das)
an. An der Bahnhofsfassade prangt die grösste Bahnhofsuhr der Schweiz.

24 Der Megalithweg

Bei Kinderwunsch einmal rutschen

In den Wäldern um Solothurn stösst man auf zahllose Findlinge und erratische Blöcke aus Granit, die der Rhonegletscher während der letzten Eiszeiten aus den Tälern des Wallis mitbrachte und bei seinem Rückzug zurückliess (siehe Ort 2). Die grossen Exemplare nennt man Megalithen. In der Vorzeit wurden vermutlich viele dieser Steine für kultisch-religiöse oder astronomische Zwecke verwendet. Sämtliche Findlinge sind inventarisiert und stehen unter kantonalem Schutz.

Der Solothurner Megalithweg entstand als Projekt des Steinmuseums (siehe Ort 86) und des Vereins der Solothurner Steinfreunde. Er wurde in den Wäldern der Bürgergemeinde der Stadt Solothurn angelegt. Die knapp sieben Kilometer lange Route führt über 13 Stationen. Sie beginnt beim Schloss Waldegg (siehe Ort 25) in Feldbrunnen-St. Niklaus und endet beim nördlichen Ausgang der Einsiedelei auf dem Gebiet der Gemeinde Rüttenen. Die ganze Strecke ist mit grün-weissen Wegweisern ausgeschildert und nimmt etwa drei Stunden in Anspruch. Bei jeder Station steht eine Informationstafel.

Einen der markantesten Steine findet man gleich am Anfang: Der «Rütschelistein» ist ein langer, etwa 1,7 Meter hoher, oben abgeflachter Felsblock, der wie eine Rampe abfällt. Er wird der Kategorie der «Kindlisteine» zugeordnet. Man vermutet, dass in der Jungsteinzeit der Glaube an Steine als Orte der Transformation einer Ahnenseele in eine Kinderseele verbreitet war. Wer einen solchen Stein berührte oder eben darüberrutschte, konnte eine Kinderseele empfangen, was trotz allem ausschliesslich bei Frauen zu funktionieren scheint.

Eine weitere Station zeigt Steine, die astronomisch ausgerichtet wurden. Dazu kommen Formationen wie der «Schildchrott» (Schildkröte) oder das «Chli Matterhorn» (Klein Matterhorn). Letzteres soll daran erinnern, dass es aus derselben Gegend stammt wie sein grosser Bruder.

Adresse Ausgangspunkt: Schloss Waldegg, Waldeggstrasse 1, 4532 Feldbrunnen-St. Niklaus |
ÖV Bus 4 Richtung Rüttenen ab Solothurn Hauptbahnhof bis Haltestelle St. Niklaus, zu
Fuss 15 Minuten zum Ausgangspunkt Schloss Waldegg | **Anfahrt** A 5, Ausfahrt Solothurn-
Ost, Richtung Solothurn, beim Bahnhof Richtung Biel / Bienne abbiegen, weiter auf Werk-
hofstrasse bis Abbieger mit braunem Wegweiser «Waldegg», Parkmöglichkeit beim Schloss
Waldegg | **Tipp** Ganz in der Nähe befinden sich die schroffe Verenaschlucht und die Ein-
siedelei. Das Wunderlöchli beim nördlichen Treppenaufgang zur Verenakapelle soll von
Warzen heilen, wenn man die Hand hineinstreckt (www.einsiedelei.ch).

25 Das Schloss Waldegg
Glanz und Glamour im Ancien Régime

Die herrschenden Solothurner Adelsfamilien in der alten Eidgenossenschaft (Ancien Régime) bereicherten sich mit den Erträgen
aus ihrem Landbesitz und der Bereitstellung von Söldnertruppen
für ausländische Herrscherhäuser. Solothurn profitierte in beson-
derem Masse von finanziellen Zuwendungen, die vorwiegend aus
Versailles ins Land flossen. Die Ambassade, die Gesandtschaft des
französischen Königshofes in der Eidgenossenschaft, welche zwischen 1520 und 1792 permanent in Solothurn residierte, machte
die Stadt zum politischen und gesellschaftlichen Dreh- und Angel-
punkt der Eidgenossenschaft in ihren Beziehungen zur Grossmacht
Frankreich, deren Einfluss im Land grösser gewesen sein soll als der-
jenige des deutschen Kaisers, zu dessen Untertanen die Bürger der
reichsfreien Stadt Solothurn gehörten. Entsprechend gross waren die
Profite. Das Solothurner Patriziat ahmte den aufwendigen Versailler
Lebensstil nach. Zu den einflussreichsten Familien jener Zeit gehörten die von Besenvals. Johann Viktor I. von Besenval, Schultheiss
von Solothurn, erbaute das Schloss Waldegg zwischen 1682 und
1690 als Sommerresidenz, deren original eingerichtete Räume man
heute besichtigen kann. Bei Bedarf werden Theaterführungen mit
Schauspielern durchgeführt.

Rund um die Stadt Solothurn zieht sich ein Ring von Land-
sitzen der Patrizierfamilien. Das Besondere an Schloss Waldegg
ist, dass das es umgebende Land im Gegensatz zu anderen Her-
rensitzen bis heute unbebaut blieb und es seine optische Gesamt-
wirkung entfalten kann. Schloss Waldegg verbindet französische
und italienische Stilelemente mit dem damals typischen Baustil des
Solothurner «Türmlihauses». Zum Komplex gehören zwei Kapellen,
Wirtschaftsgebäude, Stallungen, ein barockes Gartenparterre, eine
Orangerie und ein Potager (Gemüsegarten). Heute ist das Schloss
im Besitz des Kantons und wird als Kultur- und Begegnungszen-
trum genutzt.

Adresse Waldeggstrasse 1, 4532 Feldbrunnen-St. Niklaus, www.schloss-waldegg.ch |
ÖV Bus 4 ab Solothurn Hauptbahnhof Richtung Rüttenen bis Haltestelle St. Niklaus,
von dort Fussweg circa 15 Minuten | Anfahrt A 1, Ausfahrt Solothurn-Ost, Richtung
Solothurn-Zentrum bis Hauptbahnhofplatz, dort rechts abbiegen Richtung Biel/Bienne bis
Verzweigung Richtung St. Niklaus, Wegweiser Schloss Waldegg folgen | Öffnungszeiten
1. April–31. Okt. Di–Do, Sa 14–17 Uhr, So 10–17 Uhr, letzter Einlass jeweils 16.45 Uhr |
Tipp Gegenüber von Schloss Waldegg, südlich der Aare auf dem Bleichenberg, liegt das
Schlösschen Vorder-Bleichenberg, das regelmässig Kunstausstellungen, Lesungen und
Konzerte veranstaltet (www.schloesschen-biberist.ch).

26 Die Beringungsstation

Wo gefiederte Reisende aufgehalten werden

Husi, der Hausrotschwanz, macht sich jeden Herbst auf die Reise via Subigerberg nach Nordafrika. So ist es auf den Infotafeln des Naturerlebniswegs «Husis Reise» zu erfahren, der vom Dorf Gänsbrunnen auf den Subigerberg kurz vor der Passhöhe des Binzberges führt. Dahinter beginnt übrigens der Berner Jura.

Dort, am Ende der Deutschschweiz, wird versucht, einem der grossen Geheimnisse der Natur auf die Spur zu kommen: dem Vogelzug. Die Vogelschutzorganisation BirdLife Solothurn betreibt im Flugkorridor zwischen den Juraketten eine Beobachtungs- und Beringungsstation, in der Freiwillige jeden Herbst die vorbeiziehenden Vögel beobachten und nach Möglichkeit einfangen, und zwar mittels feinmaschiger Fangnetze, die entlang des Hangs unauffällig aufgestellt werden. Die Fänglinge werden bestimmt, vermessen und beringt – und dann wieder freigelassen.

In den vier Wochen der Hauptzugzeit zwischen Ende September und Anfang November sind wochenweise je etwa zehn Leute im Einsatz, die Daten sammeln und diese an die schweizerische Vogelwarte Sempach weiterleiten. Die Freiwilligen übernachten im Massenlager. Im neuen Zentrum, das seit 2012 auf dem Subigerberg steht, informiert eine interaktive Ausstellung über Routen und Rastplätze von Zugvögeln und zeigt auf, wie der Vogelzug mit moderner Technik erforscht wird.

Seit der Inbetriebnahme der Station 1968 konnten auf dem Subigerberg (Stand 2019) über 74.000 Vögel aus 93 verschiedenen Arten beringt werden, darunter Raritäten wie der Steinkauz, die Nachtigall oder der Gelbbrauenlaubsänger. Die häufigste gefangene Vogelart ist der Hausrotschwanz mit 15.297 Exemplaren – womit wir wieder bei Husi und seiner Reise wären. Dem «Flaggtier» des Erlebniswegs folgt das Rotkehlchen (11.663 Beringte). Wer sich überlegt, wie ein solch winziges Federbällchen Jahr für Jahr mehrere 1.000 Kilometer fliegt, stimmt zu: Es ist ein Rätsel.

Adresse 4716 Gänsbrunnen, www.birdlife-so.ch/subigerberg | **ÖV** Zug zum Bahnhof Gäns-
brunnen, von dort circa 45 Minuten zu Fuss | **Anfahrt** A 1, Ausfahrt Oensingen, Route 30
bis Gänsbrunnen, parkieren im Dorf | **Öffnungszeiten** während vier Wochen im Herbst |
Tipp Der Pass Binzberg hinter der Vogelstation ist ein Geheimtipp sowohl für Wanderer als
auch für Velofahrer. Und ein Restaurant hat's auch.

27 Der Aussichtsturm

Zuerst Alarmsystem, dann Stahlfachwerk

115 Treppenstufen sind zu überwinden, dann hat man die höchste Aussichtsplattform des Gempenturms erreicht. In 28 Meter Höhe scheint sie weit über dem Rest der Welt zu schweben. Wer nicht an Höhenangst leidet, für den ist der Turm mit seinen fünf Etagen ein Muss, denn die Aussicht ist weit. Es ist ja nicht nur der Turm, der für den Höhenunterschied sorgt, sondern vor allem die Fluh, über deren Abgrund er thront. Das Unterbaselbiet und die Stadt Basel liegen einem zu Füssen, und der Blick schweift ungebremst über die Landesgrenzen in den Schwarzwald und das Elsass.

Erbaut wurde der Gempenturm im Jahr 1897 als Stahlfachwerk-Turm – also in derselben Bauweise wie der Eiffelturm, nur schaffte es das Exemplar im nördlichen Schwarzbubenland nicht zu annähernd so hohem Bekanntheitsgrad. Und das, obwohl man ihn aus weiter Distanz sehen kann, denn er steht exponiert über der ebenfalls sehr auffälligen und weit sichtbaren Schartenfluh am Rande des Gempenplateaus, das übrigens im «Bundesinventar der Landschaften und Naturdenkmäler von nationaler Bedeutung» (BLN) gelistet ist.

Das Plateau ist der westlichste Teil des Tafeljuras. Weil seine «Fastebene» nach verschiedenen Seiten von schroffen Felswänden abgeschlossen wird, waren hier früher ideale Standorte für Hochwachten. Über den steilen Flühen richtete man Kontrollposten ein, die Teil eines Netzes aus über weite Distanzen sichtbaren Punkten waren. Dort stand immer ein riesiger Holzstoss bereit, der im Ernstfall angezündet werden konnte. Mittels Feuerzeichen konnten so – in Zeiten vor Telekommunikation und Radiowellen – bei drohender Gefahr rasch Truppen alarmiert oder die Bevölkerung gewarnt werden. Etliche Orte in der Nordwestschweiz, die man heute nur noch zum Spass besteigt, vor allem auf Bergspitzen und Flühen, wurden bis zum Ende des 18. Jahrhunderts als Hochwachten genutzt.

Adresse Gempenturmstrasse, 4145 Gempen | ÖV Bus 67 ab Dornach Bahnhof bis Halte-stelle Gempen Dorf | Anfahrt A 18, Ausfahrt Reinach-Süd, Wegweiser nach Gempen und zum Turm | Tipp Nach dem Treppensteigen und der Aussicht vom Turm bietet sich naheliegenderweise die Einkehr in die Bärgbeiz Gempenturm gleich nebenan an (www.gempenturm.com).

28 Das Schlachtdenkmal

Was ein Habersack mit dem Gemetzel zu tun hatte

Ein Baumstrunk aus Beton, eine Hellebarde und ein «Habersack» mit einer Inschrift, an der der Zahn der Zeit nagt: So präsentiert sich das Schlachtdenkmal, das bei Gempen zu finden ist. Es steht einen knappen Kilometer von den Stollenhäusern entfernt und erinnert an die Schlacht bei Dornach, die am 22. Juli 1499 tobte. Damals kämpften die Eidgenossen erbittert gegen das schwäbische Heer, welches das Schloss Dorneck (siehe Ort 22) stürmen wollte. Am Abend des bestialischen Gemetzels kam Verstärkung in Form eines 1.000-köpfigen Heeres aus Luzernern und Zugern, die via Liestal und Gempen zu Hilfe eilten – und dazu beitrugen, dass die Eidgenossen die Schlacht gewannen.

Diese wackeren Soldaten aus der Innerschweiz sind der Grund für das Denkmal bei Gempen, denn genau an jener Stelle am Waldrand sollen sie gerastet und sich nochmals gestärkt haben, bevor sie sich ins Getümmel warfen. Seinen Habersack – die Lunchbox des Mittelalters – hing jeder Krieger an einen Baum. Aus diesem Grund findet man heute dieses erst auf den zweiten Blick logische Schlachtutensil als Teil des Denkmals, das aus dem Jahr 1859 stammt. «Den Siegern von Dornach», steht darauf.

Der Sieg der Eidgenossen über den Schwäbischen Bund gehört heute noch zu den Geschichten, die gern glorifiziert werden. Dass die Schlacht innerhalb eines einzigen Tages mehrere 1.000 Menschenleben forderte, geht dabei oft etwas unter. Viele der Opfer wurden wohl erst getötet, als sie verletzt auf dem Schlachtfeld lagen. Die Hauptwaffen der damaligen Zeit waren das Schwert und die Hellebarde. Gefangene wurden keine gemacht.

Ein weiteres Denkmal für die Schlacht befindet sich übrigens beim ehemaligen Kloster in Dornach selbst (siehe Ort 20). Dort kann man ein 22 Meter langes Schlachtenrelief bewundern, daneben befindet sich ein Beinhaus mit ein paar letzten menschlichen Überresten des Gemetzels.

Adresse Koordinaten: 2 616'113, 1 259'343, 4145 Gempen | Anfahrt A 18, Ausfahrt
Reinach-Süd, Wegweiser nach Gempen und zu den Stollenhäusern, von dort zu Fuss
weiter | Tipp Das Restaurant Schönmatt an der Nebenstrasse zwischen Arlesheim und
den Stollenhäusern von Gempen ist eine gemütliche Landbeiz in idyllischer Landschaft
(www.restaurant-schoenmatt.ch).

29 Die Allerheiligenkapelle

Amtlich bewilligter Kunstraub

Hoch über Grenchen blickt die gegen Ende des 17. Jahrhunderts erbaute und reichhaltig im Barockstil ausgestattete Allerheiligenkapelle nicht nur auf die Stadt hinunter, sondern auch auf eine bewegte Geschichte zurück. Während des Franzoseneinfalls von 1798 wurde sie von Bonapartes Truppen vollständig ausgeplündert. Nachdem der letzte Kaplan 1807 zurückgetreten war, hielten die Christkatholiken während einiger Jahre ihre Gottesdienste im «Chappeli» ab. Heute läuten seine Glocken nur noch für Hochzeiten, wofür es ein sehr beliebter Ort ist.

Unvergessen bleibt den Grenchnern eine Episode, die als amtlich genehmigter Kunstraub seitens ihrer Stadtsolothurner Rivalen überliefert ist. 1864 entdeckte der Solothurner Kunstsammler und Restaurator Franz Anton Zetter (siehe Ort 90) in der Kapelle ein Tafelbild in äusserst schlechtem Zustand. Es stellte sich als ein von Hans Holbein dem Jüngeren geschaffenes Bildnis der Muttergottes mit dem Jesusknaben heraus. Wie das 1522 entstandene Werk in der Allerheiligenkapelle gelandet ist, bleibt Gegenstand von Vermutungen. Damals ging man davon aus, dass es irgendwann nach seiner Entstehung dem Solothurner Münster gestiftet und später von diesem als Leihgabe an die Allerheiligenkapelle weitergegeben wurde. Nebst anderem nahm Zetter das Madonnenbildnis an Zahlungs statt für seine Arbeiten entgegen.

Nachdem die damalige Kunstwelt darauf aufmerksam geworden war, wurde den Grenchnern bewusst, welchen Schatz sie vergeben hatten und forderten das Bild von Zetter zurück. Es kam zu einem Prozess, vor dessen Beginn er das Bild dem Kunstverein Solothurn schenkte. Das Gericht sprach es diesem auch zu mit der Begründung, dass es ursprünglich für Solothurn gefertigt worden sei. Zum Ärger der Grenchner steht das Bild heute im Solothurner Kunstmuseum. Die «Solothurner Madonna» ist neben der «Darmstädter Madonna» das zweite grosse erhaltene Madonnenbildnis Holbeins.

Adresse Allerheiligenstrasse 198, 2540 Grenchen | Anfahrt A 5, Ausfahrt Grenchen, dann Richtung Zentrum und Romont weiterfahren | Tipp Das Restaurant Chappeli gleich neben der Allerheiligenkapelle ist für seine hervorragende Küche bekannt (www.chappeli-grenchen.ch).

30 Das Bachtelenbad
Asyl für einen Revolutionär

Nachdem das Wasser einer Quelle auf seinem Grundstück im «Bachtelentäli» oberhalb Grenchens ihn von einem hartnäckigen Brustleiden geheilt hatte, beantragte der Landwirt Josef Girard 1819 beim Kleinen Rat in Solothurn, dort ein Bad einrichten zu dürfen, was ihm erst fünf Jahre später definitiv bewilligt wurde. Nach kurzer Zeit war das «Bachtelenbad» oder «Grenchenbad» ein beliebtes Ziel von Kurgästen aus der Deutschschweiz und der benachbarten Romandie. Besonders an Wochenenden tummelten sich zahlreiche Besucher im gepflegten Park und in den in mediterranem Stil gebauten Bad- und Gästehäusern, wo man, wie an solchen Orten zu jener Zeit üblich, neben der Gesundheit auch frivoleren Freuden frönte.

Zwischen April 1835 und Januar 1837 wurden Grenchen und das Bachtelenbad zum Ärgernis europäischer Machthaber. In diesem Zeitraum residierte dort der Freiheitskämpfer und Gründervater des modernen Italiens Giuseppe Mazzini, nachdem ein missglückter Putschversuch in Savoyen ihn ins Schweizer Exil gezwungen hatte. Mazzini war nicht nur italienischer Nationalist, sondern auch einer der Vordenker einer europäischen Volksgemeinschaft. Das missfiel den Herrscherhäusern von Savoyen, Sardinien und Österreich-Ungarn, die versuchten, des lästigen Agitators habhaft zu werden. Im Mai 1836 schliesslich liess die Solothurner Obrigkeit Mazzini mit einem grossen Polizeiaufgebot festnehmen, um ihn des Kantons zu verweisen. Die widerspenstigen Grenchner wehrten sich, indem sie Mazzini kurzerhand einbürgerten. Dieser Akt wurde jedoch vom Kanton aufgehoben, und Mazzini musste Grenchen im Januar 1837 endgültig verlassen. Am 9. Februar 1849 rief er in Rom die Republik Italien aus.

Das ehemalige Bachtelenbad ist heute ein sonderpädagogisches Zentrum. Dort, im Girardhaus, befindet sich das Mazzini-Zimmer, das im Gedenken an seinen berühmten Bewohner wie zu dessen Lebzeiten eingerichtet ist.

Adresse Mazzini-Zimmer, Sonderpädagogisches Zentrum Bachtelen, Bachtelenstrasse 25, 2540 Grenchen, www.mazzinistiftung.ch | ÖV Bus 24 ab Grenchen Bahnhof Süd bis Haltestelle Grenchen Weinbergstrasse, Bus 21 ab Grenchen Bahnhof Süd bis Haltestelle Grenchen Friedhof oder zu Fuss 10 Minuten ab Grenchen Nordbahnhof | Öffnungszeiten Mo–Fr 14–17 Uhr oder nach Vereinbarung | Tipp Bei der Längschwang auf dem Obergrenchenberg steht ein Gedenkstein für den populären Solothurner Bundesrat Willi Ritschard, der am 16. Oktober 1983 an dieser Stelle verstarb (Koordinaten: 2 595'310, 1 230'640).

31 Das Kunsthaus Grenchen
Bildende Kunst in der Uhrenstadt

An einem Junitag des Jahres 1964 taten sich 29 sammelfreudige Kunstfreunde zusammen. Sie gründeten die «Gesellschaft für ein Grenchner Kunstmuseum» mit dem Ziel, Gegenstände bildender Kunst zu sammeln und damit die Basis für ein Grenchner Kunstmuseum zu legen.

Einige Jahre später fusionierten sie mit dem Kunstverein zur Kunstgesellschaft Grenchen und riefen gemeinsam mit der Stadt Grenchen die Stiftung Kunsthaus Grenchen ins Leben. Die Sammlung wurde stetig erweitert, und 1984 konnte das am Ende des 19. Jahrhunderts erbaute und neu renovierte Wohnhaus des Badarztes und Industriellen Dr. Josef Girard, Sohn des Bachtelenbad-Gründers Josef Girard (siehe Ort 30), gegenüber dem Südbahnhof bezogen werden. Man war nun in der Lage, über die Region hinaus bedeutende Ausstellungen zu organisieren. Ende der 90er Jahre drängte sich wiederum eine Erweiterung auf. Heute verbindet ein einladender Eingangsbereich die klassizistische Tradition des «Girardhauses» mit der Moderne und gibt dem Namen «Kunsthaus» eine besondere Bedeutung. Der nach Norden weich verlaufende Neubau und der «Skulpturen Park» bilden eine Einheit. Sie machen das neue Kunsthaus von verschiedenen Seiten her zugänglich. Der 300 Quadratmeter grosse, stützenlose Bau bietet den idealen Raum für die Präsentation zeitgenössischer Kunst und kontrastiert schön zu den intimeren Kabinetten der Villa. Für die Gestaltung erhielt das Büro «ssm architekten ag» den Architekturpreis des Kantons Solothurn.

Der Schwerpunkt liegt auf der Sammlung von Druckgrafiken, einer der bedeutendsten der Schweiz. Sie wird in regelmässigen Ausstellungen gepflegt und weiterentwickelt, unter anderem in der zweijährlich im Kunsthaus stattfindenden Gruppenausstellung «Impression», für die sich alle Schweizer KünstlerInnen bewerben können, um ihre druckgrafischen Erzeugnisse der vergangenen zwei Jahre vorzustellen.

Adresse Bahnhofstrasse 53 (vis-à-vis Bahnhof Süd), 2540 Grenchen, www.kunsthausgrenchen.ch | ÖV mit SBB nach Grenchen Süd | Öffnungszeiten während Ausstellungen: Mi–Sa 14–17 Uhr, So 11–17 Uhr, Mo, Di geschlossen | Tipp Das Kultur-Historische Museum gibt einen Einblick in die Entwicklung Grenchens vom Bauerndorf zur Technologiestadt (www.museumgrenchen.ch).

32 Der Römerbrunnen
Provinzielles Leben in der Antike

Die Geschichte der Schweiz beginnt mit einem Exodus, als das Volk der Helvetier seine Stammlande verlassen und nach Gallien ausziehen wollte. Julius Cäsar stoppte die Emigranten im Jahr 58 vor Christus, nachdem er sie in der Schlacht bei Bibracte besiegt hatte, und schickte sie zurück nach Hause. Sodann wurde Helvetien Teil des Römischen Reiches. Die Entstehung des Vicus Salodurum, eines römischen Handelspostens und Vorläufers der heutigen Stadt Solothurn, wird auf zwischen 15 und 25 nach Christus datiert. Allmählich nahmen die altheimischen keltischen Bewohner die römische Lebensweise an.

Eine römische Reichsstrasse führte von Mailand über den Grossen St. Bernhard nach Aventicum (Avenches), Petinesca (Studenberg bei Biel), Salodurum und Augusta Raurica (Augst) bis nach Mainz (siehe Ort 4). Während die grossen Verbindungen hauptsächlich für die Reichspost und für Heeresverschiebungen genutzt wurden, fand der lokale Verkehr auf bescheideneren, sekundären Wegen von Ort zu Ort statt. Ein solcher führte von Altreu über Grenchen-Allerheiligen in den Jura. Ein weiterer folgte dem Jura entlang von Solothurn nach Grenchen.

1940 stiessen Soldaten bei der Anhöhe des Breitholz, nahe dem heutigen Eichholz-Schulhaus, auf die Überreste der Grundmauern einer römischen Villa. Aus dem freigelegten Grundriss kann man schliessen, dass es sich um eine Villa rustica handelte, einen römischen Gutshof mit Landwirtschaftsbetrieb. Er bestand aus einem Porticus-Herrenhaus in schöner Lage hoch über der von einer mäandernden Aare gefluteten Witi (siehe Ort 81). Es ist anzunehmen, dass zum Gut eine Reihe von Ökonomiegebäuden gehörte. Später fanden die Archäologen den Ablauf eines sich verjüngenden Brunnenschachtes. Die Grundmauern der Villa wurden zugegraben. Zusammen mit einem erhaltenen Mauerwinkel bleibt lediglich der «Römerbrunnen» als Zeugnis römischer Provinzialkultur in der Region.

Adresse Koordinaten: 2 596'316, 1 225'781, Römerbrunnenweg, 2540 Grenchen | ÖV
Bus BGU 27 Richtung Staad Käserei bis Haltestelle Grenchen Römerbrunnen | Tipp Der
Ortsteil Staad liegt direkt an der Aare. Er verfügt über einen Campingplatz und ein eigenes
kleines Weingut. Er ist ein beliebtes Durchgangsziel für Biker und Wanderer (Koordinaten:
2 597'582, 1 223'591).

33 __ Die Uhrenfabrik Michel
Bilder der Technologiestadt im Grünen

Von den drei Solothurner Städten verfügt Grenchen, nach Olten und vor Solothurn die zweitgrösste Stadt des Kantons, weder über die Bedeutung als nationaler Verkehrsknotenpunkt noch den aristokratischen Charme der Kantonshauptstadt. Die Rivalität mit dem knapp 15 Kilometer entfernten Solothurn war den Grenchnern steter Ansporn, am Erscheinungsbild und ihrem zwiespältigen Ruf als Industriestadt zu arbeiten. Dafür belohnt wurden sie 2008 mit dem seit 1972 jährlich vergebenen Wakkerpreis für besondere Leistungen bei der Ortsbild- und Siedlungsentwicklung. Die Anbindung an die Autobahn A 5 und deren gelungene Einbettung ins Naturschutzgebiet Witi (siehe Ort 81) sowie die schönen Wohnlagen am Jurasüdfuss steigerten unter anderem Grenchens Attraktivität als Firmenstandort. In der Folge siedelten sich neue Technologien in den Bereichen Automobiltechnologie und Medizintechnik in der Uhrenstadt an.

Zu Beginn des 19. Jahrhunderts noch ein kleines Bauerndorf, wuchs Grenchen, und Grenchens Industrie tut es noch heute. Zunächst war es die Uhrenindustrie, deren Aufbau Mitte des 19. Jahrhunderts begann und die bis zur Uhrenkrise in den 70er Jahren des letzten Jahrhunderts das Gesicht der Stadt prägte wie nirgendwo anders. Während des Generalstreiks von 1918 war Grenchen Schauplatz blutiger Auseinandersetzungen, als drei Arbeiter von Soldaten erschossen wurden. Ohne alten Stadtkern entwickelte es sich um seine Fabriken herum. Anstelle historischer Bauten oder einer Kirche dominiert die imposante Fensterfront des Uhrwerkeherstellers ETA den Marktplatz. Von besonderer Bedeutung ist das Gebäude der ehemaligen Uhrenfabrik Michel beim Nordbahnhof mit seinem kunstvollen konkaven und von Säulen getragenen Eingangsportal. Ein ungewöhnlicher Bau, an dem bei dessen Entstehung viele Grenchner wegen der nackten Figuren neben der Wanduhr unter dem Giebel Anstoss nahmen.

Adresse Meco SA (ehemalige Uhrenfabrik Michel), Schützengasse 30, 2540 Grenchen |
ÖV per Bahn von Solothurn, Zürich oder Luzern bis Grenchen Südbahnhof; ab Basel
bis Grenchen Nordbahnhof | **Anfahrt** A 5, Ausfahrt Grenchen | **Tipp** Im Restaurant des
Airporthotel in Grenchen isst man gut, und man kann das Starten und Landen der Flieger
beobachten (www.airporthotel.ch).

34 Das Zaubertürmli

Wohnen im Trafohäuschen

1916 liess die Stadt Grenchen an der Dammstrasse unweit des Nordbahnhofs eine aufwendig gestaltete Trafostation bauen, ein dreigeschossiges Gebäude mit Satteldach und einem Rundturm an der Südseite. 1978 wurde das Trafohäuschen ausser Betrieb genommen. Daraufhin vermietete es die Stadt an den Zauberkünstler Urs Saner alias Orsani, der es erstmals renovierte und gemeinsam mit dem Zauberring als Clublokal betrieb. Aus dieser Zeit stammt der Name «Zaubertürmli». Im Anschluss diente es als Clublokal für einen Tauchclub. 2010 wurde das mittlerweile marode Gebäude erneut von der Stadt übernommen. Ein Abriss kam nicht mehr in Frage, da es bereits in das Register schützenswerter Bauten aufgenommen worden war. Ab 2010 interessierte sich der Unternehmer Kurt Brunner dafür, das Gebäude von der Stadt zu erwerben. Drei Jahre später verkaufte die Stadt es ihm mit der Auflage, er müsse es sanieren.

Das tat Brunner mit viel Liebe und Respekt für das Detail. Seit 2019 erstrahlt es mit seinen 65 Quadratmetern Bruttowohnfläche als eines der kleinsten Wohnhäuser des Landes in neuem Glanz. Er liess Bodenheizungen und im Erdgeschoss Natursteinboden verlegen sowie eine moderne Küchenkombination installieren. Ziel Brunners war es, eine erschwingliche Luxuswohnung zu gestalten. Das ist ihm gelungen, immerhin verfügt sie über zwei Toiletten und eine Nasszelle mit der neuesten Technologie. Im mittleren und oberen Geschoss befinden sich die Wohn-, Arbeits- und Schlafräume, alle mit Eichenboden verlegt.

Für Brunner war die Renovation eine Herzensangelegenheit. Er habe sich damit einen Traum erfüllt, wie er in einem Interview sagte. Schon immer wollte er aus dem maroden Bau ein Schmuckstück machen. Seit 2019 ist das Zaubertürmli vermietet und der Öffentlichkeit nicht mehr zugänglich. Es kann in diskretem Abstand von aussen besichtigt werden.

Adresse Dammstrasse 18, 2540 Grenchen | ÖV Bus 21 oder 30 ab Bahnhof Süd Richtung Lingeriz bis Haltestelle Bahnhof Nord Eterna, Verzweigung in die Dammstrasse unmittelbar bei der Haltestelle | Tipp Jetzt noch was Grosses: Das Tissot Velodrome in Grenchen ist gleichzeitig Nationalstadion und Ausbildungsstätte für den Schweizer Radsport (www.tissotvelodrome.ch).

35_Der buddhistische Tempel
Zu Ehren der Mutter von zwei Königen

Wer auf der Fahrt von Aarau nach Olten oder umgekehrt am Gewerbegebiet von Gretzenbach vorbeifährt, wird sich zuerst einmal die Augen reiben. Wer würde erwarten, dass sich dort ein prächtiger buddhistischer Tempel (Wat) befindet? Quasi als Kontrapunkt zum Kernkraftwerk Gösgen, dessen Kühlturm in einigen Kilometern Entfernung die Ebene dominiert.

1993 erteilte die Mutter des thailändischen Königs Bhumibol Adulyadej, Prinzessin Somdet Phrasrinagarindra, die Erlaubnis, dass der sich im Bau befindliche Tempel im Gewerbegebiet von Gretzenbach ihren Namen tragen dürfe. 1995 verstarb die von den Thailändern hochverehrte Königsmutter. Der Tempel wurde ein Jahr später eröffnet.

Wat Srinagarindravararam ist der grösste buddhistische Tempel in Europa. Der Grund dafür dürfte in den engen Beziehungen der königlichen Familie zur Schweiz liegen. 1935 wurde Bhumibols kinderloser Onkel König Prajadhipok gezwungen, abzudanken und ins englische Exil zu gehen. Bei Kriegsausbruch lebte die frisch verwitwete Prinzessin Srinagarindra mit ihren Kindern in Amerika. Da sie nicht in das von den Japanern besetzte Thailand zurückkehren konnte, fand die Familie Asyl in der Schweiz, wo sie in Lausanne lebte. 1945 kehrte Bhumibols älterer Bruder Ananda nach Thailand zurück, um König zu werden. Im Jahr darauf verstarb er unter mysteriösen Umständen. Bhumibol folgte ihm auf den Thron. Sein Verhältnis zur Schweiz war stets von Freundschaft und Dankbarkeit geprägt, da sie seiner Mutter und seinen Geschwistern eine sichere Heimat gewesen war.

Wat Srinagarindravararam gilt als eine der authentischsten Tempelanlagen ausserhalb Thailands. Neben den religiösen buddhistischen Zeremonien werden dort die Grundsätze der Lehre Buddhas vermittelt. Zusätzlich bietet der Tempel traditionelle Bildungs- und Sprachkurse an wie zum Beispiel Thailändisch, Thaiboxen und Thai-Massage.

Adresse Im Grund 7, 5014 Gretzenbach, www.wat-srinagarin.com | Anfahrt A 1, Ausfahrt
Rothrist, Richtung Olten, in Olten auf der Hauptstrasse Richtung Aarau bis Gretzenbach |
Öffnungszeiten Besichtigung des Tempelareals täglich 13.30 – 18.30 Uhr, Führungen auf
Anfrage (maximal 50 Personen), Kosten pro Führung: 250 CHF (Schulen 150 CHF) | Tipp
Der Bally-Park im benachbarten Schönenwerd, ein Landschaftsgarten im englischen Stil
mit nachgebauter Pfahlbaustation, lädt ebenfalls dazu ein, für kurze Zeit die Seele baumeln
zu lassen (www.ballyana.ch/ausstellung/bally-park).

36 Das Belchendreieck
Bei Belenus!

Immer wieder kommt es zu Diskussionen, ob der markante Berggipfel des Belchen, der auf Mundart Bölchen heisst und dessen felsige Spitze auf genau 1.099 Metern liegt, nun den Baselbietern oder den Solothurnern gehört. Die Antwort ist ganz einfach: Er gehört beiden. Die Nordseite liegt auf Staatsgebiet des Kantons Baselland, die Südseite auf Solothurner Territorium.

Dass beide den Belchen wollen, ist nicht weiter verwunderlich, denn nicht nur bietet sich von seinem Gipfel eine der schönsten Aussichten der Region (im Winter besonders beliebt zum Geniessen des mittelländischen Nebelmeers von oben), sondern er gilt auch als Kraftort. Sein wuchtiger Felsen soll voller Energie stecken, sagen einige. Aber nicht erst seit der modernen Esoterik ist der Berg von grosser Bedeutung, schon die Kelten sollen ihn verehrt haben. Sie sollen ihn sogar als Hilfsmittel zur astronomischen Orientierung benutzt haben, so eine Theorie.

Fakt ist, dass der Schweizer Belchen – der Namen ist übrigens vom keltischen Sonnengott Belenus abgeleitet – nicht der einzige Berg dieses Namens im Dreiland ist. Es gibt jenseits der Landesgrenzen auch den badischen Belchen im Schwarzwald sowie den Ballon d'Alsace in den Vogesen. Diese drei Mittelgebirgs-Gipfel liegen in einem rechtwinkligen Dreieck zueinander und bilden Visurlinien zu wichtigen Sonnenständen. Das Zentrum des sogenannten Belchensystems ist der Ballon d'Alsace, welcher in der Nähe von zwei weiteren Bergen namens Belchen liegt, nämlich dem Grand Ballon und dem Petit Ballon.

Wenn man zur Wintersonnwende den Ballon d'Alsace erklimmt, geht die Sonne punktgenau hinter dem Schweizer Bölchen auf. Zur Tag- und Nachgleiche tut sie dies über dem Schwarzwälder Belchen und zur Sommersonnwende über dem Kleinen Belchen. Und der Grosse Belchen ist für den 1. Mai zuständig, einen weiteren wichtigen keltischen Feiertag. Sein Name: Beltane.

Adresse Koordinaten: 2 628'087, 1 245'854, 4614 Hägendorf | Anfahrt A 2, Ausfahrt Diegten, bei der Mineralquelle Eptingen rechts Richtung Langenbruck, Parkiermöglichkeit auf dem Chilchzimmersattel, von dort Wanderwegweisern folgen | Tipp Zwischen dem Chilchzimmersattel und Langenbruck BL liegt das ehemalige Kloster Schönthal, das zusammen mit seiner Umgebung heute ein Ort international anerkannter Kunst ist (www.schoenthal.ch).

37___Die Bölchensüdstrasse

14.000 Mann für einen Verteidigungsring

Es gibt verschiedene Möglichkeiten, den Bölchen zu erreichen. Eine davon führt auf dem Wanderweg über die Bölchensüdstrasse, welche allerdings nicht zum Spass angelegt wurde: Sie diente vielmehr der Landesverteidigung. Erbaut wurde diese Strasse vor über 100 Jahren als Rückgrat der sogenannten Fortifikation Hauenstein, eines Verteidigungsrings rund um den Eisenbahnknotenpunkt Olten während des Ersten Weltkriegs. Damit sollten feindliche Einbrüche ins Mittelland verhindert werden. Während der Bauzeit, 1914 bis 1915, fürchtete man sich vor allem vor den Franzosen, da man erwartete, dass diese den Weg durch die Schweiz wählen würden, um die verhärtete Front im Elsass zu umgehen und den Deutschen im Schwarzwald in den Rücken zu fallen. Die Fortifikation wurde im 24-Stunden-Betrieb errichtet und zog sich über 48 Kilometer durch die Kantone Baselland und Solothurn. Noch heute sind zahlreiche Unterstände, Beobachtungsposten und Schützengräben im Faltenjura erhalten. Und eben die Bölchensüdstrasse. Sie ist Teil dieses militärischen Riesenprojekts, das mit der Arbeitskraft von rund 14.000 Mann und 1.100 Pferden in Millionen von Arbeitsstunden entstand. Die Strasse wurde damals innerhalb weniger Monate aus dem Fels gesprengt.

Noch heute ist sie in praktisch unveränderter Form vorhanden und deshalb im Bundesinventar der historischen Verkehrswege der Schweiz (IVS) als national bedeutend verzeichnet. Felsmalereien verschiedener Regimenter, so etwa vom Kanton Zürich – mit Kantonswappen, Löwe, Schwert und Krone – oder der Soldati Ticinesi, erinnern daran, dass die militärischen Bauarbeiter aus verschiedensten Gebieten der Schweiz kamen und ein eindrückliches Denkmal handwerklichen Strassenbaus in die Jurakette bauten, welchem Militärhistoriker auch heute noch grosse Symbolkraft für den Widerstandswillen der Schweiz während des Ersten Weltkriegs zumessen.

Adresse Koordinaten: 2 628'087, 1 245'771, 4614 Hägendorf | Anfahrt A 2, Ausfahrt Diegten, bei der Mineralquelle Eptingen rechts Richtung Langenbruck, Parkiermöglichkeit auf dem Chilchzimmersattel, von dort Wanderwegweisern folgen | Tipp Die Burgruine Witwald hoch über dem Nachbardorf Eptingen BL stammt aus dem 13. Jahrhundert und wurde kürzlich restauriert (www.burg-witwald.jimdofree.com).

38__Die Tüfelsschlucht
Himmel und Hölle spielen

Es sind nur 400 Höhenmeter, die die Schlucht des Teufels vom Berg der Allerheiligen trennen. Das ist allerdings genug, um eine gänzlich unterschiedliche Landschaft zu präsentieren: Der Allerheiligenberg, nordwestlich von Hägendorf gelegen, ist hell, luftumschmeichelt und sonnenverwöhnt, mit Weitblick bis zum Alpenpanorama. Die Tüfelsschlucht hingegen ist tief, feucht und schattig, und das Wasser sorgt für eine permanente Geräuschkulisse, sodass selbst das Rauschen der Autobahn, die die Schlucht auf einer hohen Brücke überquert, nicht weiter auffällt.

«Die Benutzung des Weges ist immer mit einem grossen Risiko verbunden und erfolgt grundsätzlich auf eigene Verantwortung», warnen am Eingang zur Schlucht die Bürgergemeinde und der Verkehrs- und Verschönerungsverein Hägendorf einstimmig auf einem Schild. Es drohen nämlich rutschige Pfade, Steinschlag und vielleicht auch noch die eine oder andere sonstige Höllengefahr in der Schlucht des Teufels, die das Wasser im Laufe der Jahrtausende durch den letzten Jurazug gefressen hat.

Fast drei Kilometer Wanderweg, 37 Brücken und Stege sowie mehr als 500 Meter Metallgeländer führen durch die Kluft. Der Sage nach kam die Tüfelsschlucht zu ihrem Namen, weil sich einmal der Leibhaftige, der mit einer armen Seele in die Hölle fahren wollte, hierherverirrte. Die Kühle tat es ihm so an, dass er bald mit einer ganzen Rotte von Kameraden zurückkam. «Die sy dure Bach pflotsched, unger d Wasserfäll gstange, i dene Glungge, Seeli und Wejerli umepfodled und drooled. Und gfluecht und haupeetered hei si derzue vor Freud, ass s Harz us de Tanne tribe hed», kann man im Buch «Solothurner Geistersagen» von Elisabeth Pfluger (Aare Verlag Solothurn, 1986) nachlesen. Erst ein Kapuziner aus dem Kloster Olten, so heisst es in der Sage weiter, soll dem Unwesen ein Ende bereitet haben. So ist die Schlucht heute für alle zugänglich, nicht nur für Teufel.

Adresse Schluchtweg, 4614 Hägendorf | ÖV Zug nach Hägendorf, von dort zu Fuss weiter | Anfahrt A 1, Ausfahrt Egerkingen, Wegweiser nach Hägendorf, Parkiermöglichkeit an der Eigasse | Tipp Wer dem Teufel entrinnt, findet hoch über dem Tal die Bärgwirtschaft Allerheiligenberg mit phänomenaler Alpensicht (www.baergwirtschaft-ahb.ch).

39 Der Turm zu Halten

Das entführte Burgfräulein

Heute wie einst wird die kleine Wasserämter Gemeinde Halten von einem auf einer sanften Anhöhe stehenden Burgturm dominiert, dessen Ursprünge ins 13. Jahrhundert zurückreichen. Anfängliche Besitzer waren erst die zähringischen, später die kyburgischen Dienstleute von Halten, welche dort ihr Gut bewirtschafteten und die Gerichtsbarkeit und Verwaltung (Twing und Bann) über Halten, Kriegstetten, Oekingen, Hersiwil und Recherswil innehatten. Im Gümmenenkrieg wurde Halten von Bernern und Solothurnern zerstört und kam hälftig zu Bern. Die Besitzerin der anderen Hälfte, Klara von Halten, die Ehefrau Imers von Spiegelberg, kaufte ihren Anteil zurück. Nach deren Tod ging der Besitz auf ihren Sohn Hemmann über, der Schultheiss von Solothurn war. Er verfügte, dass nach seinem Tod ein Teil der Herrschaft Halten an Solothurn übergehen sollte. 1462 entführten Petermann von Erlach und Tschan Haller aus Basel Hemmanns reiche Erbtochter Kunigunde und brachten sie nach Schloss Lenzburg, wo sie der dortige Landvogt Hartmann vom Stein mit seinem Sohn Georg zwangsverheiraten wollte. Die Bemühungen fruchteten nicht. Kunigunde heiratete schliesslich einen anderen. 1466 veräusserten die Eheleute den Turm von Halten und die übrigen Herrschaftsrechte von Kriegstetten an die Stadt Solothurn. 1481 trat Solothurn als elfter Stand der Eidgenossenschaft bei.

Ab dem 16. Jahrhundert diente der Turm als Gefängnis, bis er während der Helvetik zum Nationaleigentum erklärt wurde. Heute gehört er der Stiftung «Museum Wasseramt – Turm in Halten», die auf dem Turmhügel ein sehenswertes Heimatmuseum eingerichtet hat. In Original-Speichern aus verschiedenen Regionen des Kantons befinden sich schön angelegte Themenausstellungen zum bäuerlichen Leben im Solothurnischen alter Zeiten. Jedes Jahr werden Wechselausstellungen zu kulturellen und geschichtlichen Themen veranstaltet.

Adresse Museum Wasseramt, Turmstrasse 1, 4566 Halten, www.museum-wasseramt.ch |
Anfahrt A 1, Ausfahrt Kriegstetten, Richtung Kriegstetten, bei Kreisverkehr rechts abbiegen
(erste Ausfahrt) und unmittelbar danach links Richtung Halten, braunen Wegweisern
«Museum Wasseramt» folgen | Öffnungszeiten Mitte Mai–Ende Sept. So 13–17 Uhr,
während der Sommerferien Anfang Juli–Mitte Aug. geschlossen, im Winter Führungen und
Reservationen auf Anfrage, Eintritt frei, Spenden willkommen | Tipp Für müde Knochen:
Am Oeschbach bei Recherswil gibt es eine Kneippstelle, wo sich Wanderer und Radfahrer
die Beine im knietiefen Wasser kühlen können (Koordinaten: 2 612'630, 1 222'641).

40 Das Bunkerhäuschen

Wehrhafte «Rübli» neben der Kuhweide

Die Sonne scheint über den Jurahügeln, und Kühe grasen auf satten Weiden: Das idyllische Bild scheint perfekt. Aber es scheint eben nur. Denn wer sich dem hübschen Chalet nähert, das auf der Challhöchi unweit der Baselbieter Grenze am Waldrand steht, um dem Alpöhi «Hallo» zu sagen, merkt beim Nähertreten: Alles Fake. Die massiven Holzbalken: falsch. Die grünen Fensterläden und die freundlichen Fenster: optische Täuschung. Bei dem Gebäude handelt es sich nämlich um einen Bunker aus dem Zweiten Weltkrieg, dessen wahre Identität mit bemalten Stoffbahnen verschleiert wurde.

Gerade in der Nähe des Feindes Deutschland wurden fleissig Bunker, Panzersperren, Maschinengewehrposten und andere militärische Anlagen errichtet, um einen Vorstoss der Wehrmacht aufzuhalten oder wenigstens abzubremsen. Namentlich die Challhöchi wurde zur «Sperrstelle von nationaler Bedeutung» erklärt, da über den Pass der Einfall vom Juranordfuss ins Mittelland möglich gewesen wäre.

Der Bunker am Waldrand bei der Challhöchi heisst in den Akten sehr trocken «A 3574 Challhöhe Ost». Die Soldaten, die einst direkt mit ihm zu tun hatten, in unsicherer Zeit, gaben ihm einen etwas persönlicheren Beinamen, nämlich «Rüblikeller». So steht es eingemeisselt in den Beton über der Tür neben der Jahreszahl 1943. Auf der anderen Talseite befindet sich übrigens das Gegenwerk des Bunkers. Dieses mimt kein Haus, sondern einen Felsblock.

Es ist dem Verein Festungswerke Solothurner Jura (VFSJ) zu verdanken, dass von den Tausenden solcher Verteidigungsbauten, die die Schweiz während des Zweiten Weltkriegs errichtete, einige vor dem Zerfall bewahrt wurden. Heute ist das martialische Ensemble ein «erhaltenswertes Denkmal». Die Panzersperre, die sich den Hang hochzieht und zwischen der idyllisch die Kühe grasen, wurde übrigens aus vier Reihen gebrauchter Eisenbahnschienen gebaut. Wiederverwertung war damals kein Fremdwort.

Adresse Koordinaten: 2 630'068, 1 246'733, 4633 Hauenstein-Ifenthal | Anfahrt A 2, Ausfahrt Eptingen, Wegweiser nach Kall folgen | Tipp Nicht weit entfernt liegt auf Baselbieter Boden das Bergrestaurant Kallhof mit gutbürgerlicher regionaler Küche (www.kallhof.ch).

41 Das Tunneldenkmal

Opfer des Fortschritts

«Zum Gedenken der Opfer der Arbeit im Hauensteintunnel Mai–Juni 1857».

Diese Inschrift ziert einen schlichten Stein an einem Nebensträsschen. Es ist die Erinnerung an eine Tragödie, die sich in der Pionierzeit der Eisenbahn in über 100 Meter Tiefe im Innern des Bergs abspielte: Damals, in der Mitte des 19. Jahrhunderts, wurde der zu jener Zeit längste Tunnel Europas am Unteren Hauenstein gebaut. Die schweizerische Centralbahn (welche später in die SBB integriert wurde) hatte kurz nach ihrer Gründung im Jahr 1853 mit dem Bau einer Strecke begonnen, die Basel mit dem Mittelland verbinden sollte. Der Hauenstein-Scheiteltunnel zwischen Läufelfingen und Trimbach war Teil davon. Seine Länge von 2.495 Metern war damals ein Rekord und ein Gewaltakt aus reinem Handwerk: arbeitsintensiv, mühselig und gefährlich.

Am 28. Mai 1857 kam es zur Katastrophe, als eine Schmiede in Brand geriet. Ein Teil der Arbeiter im Tunnel konnte sich in letzter Sekunde retten, doch dann stürzte die brennende Stützkonstruktion des Schachts ein und schnitt 52 weiteren Arbeitern den Rückweg ab. Während der verzweifelten Rettungsversuche starben elf Menschen, und etwa 500 mussten bewusstlos aus dem Tunnel geborgen werden. Wie man heute weiss, war es Kohlenmonoxid, das sie ausser Gefecht gesetzt hatte, doch damals war dieses Gift noch unbekannt.

Erst acht Tage nach dem Unglück gelang es schliesslich, zu den Eingeschlossenen vorzudringen. Auch sie waren alle tot.

Das schreckliche Unglück mit insgesamt 63 Todesopfern traumatisierte die umliegenden Dörfer. Noch heute ist die Erinnerung daran wach – nicht nur in Geschichtsbüchern, beim Gedenkstein in Hauenstein oder einem Grabmal auf dem Friedhof Trimbach, sondern auch in diversen Volkssagen, in denen von «Schachtmännern» die Rede ist, die beim Brand im Tunnel ums Leben kamen und deren Seelen keine Ruhe fanden.

Adresse Koordinaten: 2 632'297, 1 247'562, Lantel, 4633 Hauenstein-Ifenthal | ÖV
Bus 506 ab Olten Bahnhof nach Hauenstein Löwen | **Anfahrt** A 2, Ausfahrt Eptingen BL,
Wegweisern nach Kall und Hauenstein folgen, im Dorf Richtung Lantel | **Tipp** Südwestlich
des Dorfs Hauenstein kann man sehr oft wilde Gämsen beobachten, die auf den Wiesen
grasen (und gar nicht sonderlich scheu sind).

42 Das Chaltbrunnen- und das Chastelbachtal

Im Reich von Fels und Moos

Das Chaltbrunnen- und das Chastelbachtal sind zwei attraktive Seitentäler des Baselbieter Laufentals, die dazu einladen, entdeckt zu werden. Beide werden sie von gurgelnden Bächen durchzogen und sind kühl und schattig. Moosbewachsene Bäume recken sich lichthungrig der Sonne entgegen, und gewaltige Felsbrocken lauern am Hang. Fast sehen sie aus wie Wegelagerer, und manchem Wanderer fällt wohl ein Stein vom Herzen, wenn die realen Steine eben nicht fallen. Auch Höhlen gibt es, die früher bewohnt waren. In der Kastelhöhle im Chaltbrunnental fand man sogar Steinwerkzeuge und Tierknochen, die auf die Neanderthaler zurückgehen.

Das östlich davon gelegene Chastelbachtal ist landschaftlich noch etwas spektakulärer. Zu Recht wurde es schon als die «wilde kleine Schwester» des Chaltbrunnentals bezeichnet. Hier hat der Bach an den Steilhängen Gesteinsschichten freigelegt, die die Erde vor zig Millionen Jahren in die Landschaft modelliert hat. Der plätschernde Bach folgt seinem Hindernislauf über Felsen, um Steine herum und unter etlichen Brücken und Stegen hindurch bergab. Manchmal wurden neben dem Wanderweg auch Handläufe in den Fels getrieben, damit man das Tal, ohne abzustürzen, durchmessen kann. Doch auch diese Hilfestellungen können nicht darüber hinwegtäuschen, dass das Chastelbachtal wild ist und bleibt, und darum muss es wegen übordernder Natur auch immer mal wieder gesperrt werden.

Beide Täler liegen aufseiten des Kantons Solothurn übrigens auf Himmelrieder Gebiet.

Am Ausgang des Chaltbrunnentals befindet sich der Wappenfelsen des Chessiloch. Hier verwirklichten sich patriotische Soldaten im Ersten Weltkrieg während langen Wachschichten malend am Fels. Es entstanden Kantonswappen, Wahrzeichen von Schweizer Städten und einiges an helvetischer Heimatsymbolik.

Adresse 4204 Himmelried | ÖV Bus 117 ab Zwingen BL bis Haltestelle Himmelried Waldeck | Anfahrt A 2, Ausfahrt Sissach BL, über Liestal, Büren und Seewen nach Himmelried | Tipp Beim Wappenfelsen Chessiloch lädt ein gut ausgebauter Picknickplatz zur Rast an der lauschigen Birs.

43 Das Absturz-Mahnmal
Tragödie im Nebel

Jener Tag, an dem 108 Menschen bei einem Flugzeugabsturz in Hochwald ihr Leben verloren, ist auch fast ein halbes Jahrhundert später noch im Bewusstsein der Region verhaftet. Weiterum waren die dröhnenden Geräusche der viermotorigen britischen Propellermaschine zu hören gewesen, als die Piloten auf dem Weg von Bristol nach Basel in dichten Wolken die Orientierung verloren und den Flughafen verfehlten. In einem fatalen Verzweiflungsflug irrten sie in Schlaufen und mit mehreren vergeblichen Landeanflügen durch die Region. Am 10. April 1973 vormittags um 10.13 Uhr zerschellte die Maschine im verschneiten Wald im Schwarzbubenland bei Hochwald nahe dem Weiler Herrenmatt.

Bis zum heutigen Tag ist der tragische Absturz des Charterflugs, des Invicta-International-Airways-Flugs 435, die schwerste Flugzeugkatastrophe der Schweiz. 108 Tote und 37 Verletzte waren zu beklagen, die meisten davon Frauen aus dem Südwesten Englands, die auf dem Weg nach Luzern gewesen waren. Weil der Flughafen Basel-Mulhouse das Flugzeug erst mehr als eine Stunde nach dem Absturz als vermisst meldete und weil an jenem Aprilmorgen heftiges Schneetreiben die Strassen blockierte, gestaltete sich die Rettung der Verunglückten schwierig. Die Bauernfamilie Vögtli von der Herrenmatt brachte die ersten Überlebenden, die sie beim Wrack finden konnte, zu Hause in ihrer Stube unter.

Noch heute erinnert ein Denkmal einige Meter unterhalb der Absturzstelle am Waldrand an den Flugzeugabsturz. Eine britische Flagge und eine Schweizerfahne stehen links und rechts einer Skulptur des Bildhauers Fritz Flury. Eine Sitzbank daneben stammt vom 30-jährigen Gedenken an die Katastrophe. Die Schneise, die die Vickers Vanguard damals in den Wald gerissen hat, sieht man nicht mehr; die Bäume sind mittlerweile nachgewachsen. Doch die Wunden in den Seelen der Geretteten, Retter und Hinterbliebenen bleiben wohl für immer.

Adresse Herrenmattweg, 4146 Hochwald | ÖV Bus 67 ab Seewen bis Haltestelle Hochwald Dorfzentrum, von dort zu Fuss weiter Richtung Herrenmatt | Anfahrt A 18, Ausfahrt Reinach-Süd, Wegweiser nach Gempen, von dort rechts nach Hochwald, nach dem Dorf rechts | Tipp Eine eindrückliche 350-jährige Stieleiche steht im Tiefental bei Hochwald. Ihr Stammumfang misst über acht Meter.

44 Der Chälengraben

Schnitt durch den Jura

Das Wasser ist schuld. Nachdem die Kalkablagerungen aus dem einstigen Jurameer vor ungefähr zwei Millionen Jahren endlich fein säuberlich zu Hügeln gefaltet waren, begann es damit, in diese schönen neuen Falten Täler zu graben. Diese wurden im Lauf der Jahrtausende immer tiefer, denn eine der Eigenschaften von Kalkstein ist seine Wasserlöslichkeit. Was von den Höhen des Blauen nordwärts floss, formte so allmählich die Chälengrabenschlucht. In dieser kleinen, aber feinen Schlucht bleibt es auch im Hochsommer, wenn dieser seine unbarmherzige heisse Fratze zeigt, stets angenehm kühl.

Auf knapp einem halben Kilometer überwindet der enge Teil der Schlucht fast 100 Höhenmeter. Bei einer Wanderung von Hofstetten her kann die Veränderung der Topografie gut mitverfolgt werden. Das Tal verengt sich, die Felsen rücken heran, und die Vegetation passt sich dem feuchten Klima an: Hirschzungen, Wurmfarne und andere Farnarten wuchern hier, und im Frühling lässt die Mondviole ihren betörenden Duft durch den Chälengraben wabern. Auch Moos ist reichlich vorhanden. Das Lokalklima ist sogar für den häufigsten Laubbaum der Schweiz, die Buche, zu feucht, weshalb der Schluchtwald vor allem aus Linden und Bergahornen besteht. Doch obwohl der Chälengraben dank seiner permanenten Feuchtigkeit ein wichtiges Übersommerungsgebiet für verschiedene Amphibien ist, fällt der Bach dennoch regelmässig trocken.

In der Mitte der engen Schlucht wartet eine Höhle mit Picknickplatz im Fels, und auch am oberen Ausgang gibt es verschiedenes Picknickmobiliar zur freien Benützung. Übrigens: Der Chälengraben gehört, obwohl in touristisch eher weniger frequentiertem Gebiet gelegen, zu den bereits in der Pionierzeit des Fremdenverkehrs zugänglich gemachten Naturschönheiten: Dank der Initiative des Leimentaler Verkehrsvereins wurde er im Jahr 1908 mit Wegen, Brücken und Treppen erschlossen.

BERND SCHREINER

111
WHISKYS
DIE MAN
GETRUNKEN
HABEN
MUSS

JENS DREISBACH

111
GINS
DIE MAN
GETRUNKEN
HABEN
MUSS

JULIA TZSCHÄTZSCH

111
ORTE FÜR
KINDER IN
FRANKFURT
DIE MAN
GESEHEN
HABEN
MUSS

MARIA TERESA CARBONE

111
HUNDE
DIE MAN
KENNEN
MUSS

emons:
*Entdecken fängt
zu Hause an*

CHRISTINA BACHER

111
ORTE FÜR
KINDER IN
KÖLN
DIE MAN
GESEHEN
HABEN MUSS

MONIKA MANSOUR

111
PFERDE
DIE MAN
KENNEN
MUSS

THEO F. PAGEL / BRIAN BATYCONE

111
DINGE ÜBER
ELEFANTEN
DIE MAN
WISSEN
MUSS

FRANZISKA LÜ

111
ORTE FÜR
KINDER
IN UND UM
STUTTGART
DIE MAN
GESEHEN
HABEN MUSS

HOLGER UND ROLAND GRÜNT SCÁRCZ

111
INSEKTEN
DIE TÄGLICH
UNSERE
WELT
RETTEN

ISA GRÜTERING / NATASCHA KOROL

111
ORTE FÜR
KINDER
BERLIN
DIE MAN
GESEHEN
HABEN MUSS

ISBN 970-3-7408 0212-4

ISBN 978-3-7408-0571-5

111 DRINKS DIE MAN GETRUNKEN HABEN MUSS

ISBN 978-3-95451-465-6

ISBN 978-3-7408-0618-7

FÜR
16,95 €
(A) 17,50 €

ISBN 978-3-7408-0338-4

ISBN 978-3-95451-922-4

ISBN 978-3-95451-414-4

Adresse Bergweg, 4114 Hofstetten | **ÖV** Bus 69 ab Flüh bis Haltestelle Hofstetten Bergmattenweg | **Anfahrt** A 18, Ausfahrt Aesch, via Ettingen BL nach Hofstetten, nach dem Dorf links, TCS-Parkplatz Radmer benutzen | **Tipp** Beim Restaurant Bergmatten oberhalb des Chälengrabens gibt's nicht nur was zu essen, sondern man kann auch die dortigen Haustiere bestaunen: zwei Kamele.

45 Die Fast-Enklave

Leben im Wurmfortsatz

Wie viele andere Gemeinden auf dem Land ist Kienberg ein ehemaliges Bauerndorf in einigermassen abgelegener Lage im Jura. Seine Besonderheit liegt allerdings darin, dass es zum Kanton Solothurn gehört, obwohl seine Grenze gerade mal gut 100 Meter mit dem Rest des Kantons gemeinsam hat. Auch führt keine Strasse dort durch, die Kienberg mit seinem «Heimkanton» vereinen würde, sondern einzig ein Trampelpfad schlängelt sich auf der bewaldeten Krete von Grenzpunkt zu Grenzpunkt. Verbindung? Fehlanzeige.

Betrachtet man die sowieso schon recht eigentümlichen Umrisse des Kantons Solothurn, findet sich Kienberg quasi als Wurmfortsatz im äussersten Westen, und ausser den genannten 100 Metern und den politischen Gegebenheiten gibt es im Alltag kaum Verknüpfungen: Was Bildung und öffentlichen Verkehr angeht, hat sich Kienberg in Richtung Baselland orientiert, bei der Spitex oder der römisch-katholischen Kirchgemeinde zum aargauischen Fricktal hin. Kienberg ist sogar Teil des regionalen Naturparks «Jurapark Aargau».

Eine reformierte Kirchgemeinde hat Kienberg übrigens eine eigene – und eine Kirche ebenfalls (Pfarrkirche Mariä Himmelfahrt, ihres Zeichens wiederum katholisch). Auch eine Feuerwehr hat das Dorf eine eigene und einen eigenen Dialekt. Um beim Feuer zu bleiben: Es gibt da einen treffenden Spruch: Wenn ein Wittnauer aus dem Aargau, ein Anwiler (Baselland) und ein Kienberger zusammen auf der heissen Chouscht (Kachelofen) hocken, so sagt der Wittnauer «mi brännt's», der Anwiler «mi brennt's» und der Kienberger «mi brönnt's».

Der Grund, weshalb Kienberg überhaupt zu Solothurn gehört, liegt weit zurück, und zwar bei den Herren von Heidegg, die im Mittelalter die Herrschaft Kienberg besassen. Sie verkauften ihre Besitztümer aufgrund freundschaftlicher Beziehungen im Jahr 1523 an Solothurn. Zum Preis von 3.300 Gulden. Und so blieb es dann einfach, bis heute.

Adresse 4468 Kienberg, www.kienberg.ch | ÖV Bus 102 ab Gelterkinden BL bis Halte-stelle Kienberg Hirschen | Anfahrt A 2, Ausfahrt Sissach, Hauptstrasse via Gelterkinden Richtung Aarau bis Kienberg | Tipp Beim Töpferchäller an der Anwilerstrasse 53 in Kienberg warten ein offenes Atelier und ein Skulpturenweg auf Kunstinteressierte (www.toepferchaeller.ch).

46 Der Heimatlosenblätz

Zuflucht für Randständige im weissen Fleck

Weisse Flecken auf der Landkarte gab es früher viele. Je weiter ein Ort von der «Zivilisation» entfernt, desto weniger erforscht und bekannt war er. Doch auch die Schweiz hatte lange einen solchen weissen Flecken, den man kannte und der dennoch buchstäblich zwischen den Maschen runtergefallen war. Er gehörte zwar zur Eidgenossenschaft, aber zu keinem Kanton: Das entsprechende Gebiet war 63 Aren gross, schmal und unwegsam und befand sich im «Dreiländereck» zwischen den Kantonen Aargau, Baselland und Solothurn.

Weil auf die bewaldete Kerbe am oberen Talhang zwischen den beiden Gemeinden Kienberg und Wittnau keine Obrigkeit Zugriff hatte, hielten sich dort während früherer Jahrhunderte oft Heimatlose auf, die in alten Schriften despektierlich als «Bettler, Zigeuner und Vaganten» bezeichnet wurden. In dem steilen Niemandsland fanden die Randständigen Zuflucht vor Vertreibung, weshalb der Flecken, der noch heute als «Heimatlosenblätz» oder «Heimatlosenspitz» auf der Karte verzeichnet ist, früher auch den Flurnamen «In der Freyheit» trug.

Bereits 1823 wollten die drei Anrainerkantone den Grenzverlauf bereinigen, aber man konnte sich nicht einigen – was den Heimatlosen für ein paar weitere Jahrzehnte einen Zufluchtsort bescherte. Erst bei einer Grenzkorrektur im Jahr 1929 teilten der mittlerweile entstandene Kanton Basel-Landschaft, der Aargau und der Kanton Solothurn das Gebiet unter sich auf. Das letzte herrenlose Stück Boden verschwand.

Übrigens führt der einzige Weg zum Heimatlosenblätz durch den Kanton Baselland. Vom Aargau oder von Solothurn her müsste man querwaldein den Hang hochkraxeln und würde den Blätz kaum finden. Sogar der Grenzstein, der nach der Aufteilung des Niemandslands im Jahr 1931 in den Wald gesetzt worden war, ist so gut versteckt im undurchdringlichen Dickicht, dass er nur mit viel Glück entdeckt werden kann.

Adresse Koordinaten: 2 639'025, 1 256'184, 4468 Kienberg | **ÖV** Bus 102 ab Gelterkinden BL bis Haltestelle Kienberg Kreuz | **Anfahrt** A 2, Ausfahrt Sissach, Hauptstrasse via Gelterkinden Richtung Aarau bis zur Kantonsgrenze BL / SO | **Tipp** Von der Endstation des Postautos 102, der Salhöhe, aus (auf der Grenze Aargau / Solothurn gelegen) lassen sich schöne Jurawanderungen unternehmen.

47___Der Remelturm
Senkrechte Grenzerfahrung

Er ist buchstäblich ein Grenzfall. Wenigstens fast: der Remelturm. Denn der acht Meter hohe Metallturm steht zwar noch knapp in der Schweiz, aber die Landesgrenze zum Département Haut-Rhin verläuft nur zwei Meter davon entfernt. Auf 832 Metern gelegen, wurde der Turm im Jahr 1901 errichtet.

Während des Ersten Weltkriegs diente der Remelturm als Bewachungsturm. Da das Elsass damals in deutscher Hand war, lag er nicht wie heute an der schweizerisch-französischen, sondern an der schweizerisch-deutschen Grenze.

Auch im Zweiten Weltkrieg hielten Schweizer Soldaten Wache beim Remelturm und schauten wohl bange über die Grenze, wo der Krieg tobte. Während beiden Weltkriegen – vor allem in deren Anfangsphasen – befürchtete man, dass Frankreich und Deutschland sich unter Verletzung des Schweizer Territoriums gegenseitig in den Rücken fallen könnten.

Nach dem Ende der Kriege wurde auch die Bedeutung des Turms schleichend «entmilitarisiert», und nicht mehr Soldaten, sondern nur noch Wanderer und andere aussichtshungrige Ausflügler steuerten ihn an. Im Jahr 2005 hat die Bürgergemeinde Kleinlützel den Remelturm unter der Mithilfe von Baulehrlingen saniert. Wer die 22 Stufen der senkrechten Leiter überwindet und die Aussichtsplattform erreicht, wird bei guter Fernsicht mit einem weitläufigen Panorama belohnt. Von den Glarner Alpen über die Innerschweiz und die Berner Alpen kann man bis zum Jura sehen – also ein Blick über das halbe Land, und das zwei Meter von der Grenze entfernt.

Apropos Grenze: In dieser Hinsicht ist Kleinlützel – die Gemeinde, auf deren Gebiet der Remelturm steht – ebenfalls ein Sonderfall. Das Dorf ist nämlich eine Exklave. Gänzlich umgeben vom Kanton Baselland und dem Elsass und an der südwestlichen Ecke mit einem Berührungspunkt mit dem Kanton Jura, hat es keinerlei gemeinsame Grenze mit anderem solothurnischem Territorium.

Adresse Koordinaten: 2 598'599, 1 254'948, 4245 Kleinlützel | Anfahrt A 1, Ausfahrt
Oensingen, dann Passwangstrasse bis Laufen, Parkplätze auf dem Chall zwischen Röschenz BL
und Metzerlen | Tipp Im Weiler Huggerwald ob Kleinlützel findet sich der Mini-Zoo Dreier
mit verschiedenen Vögeln, Reptilien und Säugetieren (www.minizoo-dreier.ch).

48 Das Kirchenzentrum

Die Langendörfer und der «Wengigeist»

Weder regionale Gegensätze noch vier Landessprachen oder der Stadt- und Landgraben vermochten die Schweiz gesellschaftlich so stark zu spalten wie die Trennung zwischen der römisch-katholischen und der protestantischen Konfession. Hunderte, wenn nicht Tausende von Landsleuten fanden im Lauf der Jahrhunderte in konfessionellen Konflikten den Tod. Die Gründung des modernen Bundesstaates scheiterte um ein Haar ob der Frage katholisch oder reformiert.

Auch Solothurn blieb von konfessionellen Tumulten nicht verschont. Nachdem den Reformierten 1532 der Gottesdienst in der Stadt verboten worden war, rebellierten sie. Als die Katholiken sie mit Kanonen von der anderen Seite der Aare aus beschiessen wollten, stellte sich der Legende zufolge der streng katholische Schultheiss Niklaus von Wengi vor die Kanone und sagte, dass man zuerst auf ihn schiessen müsse. Daraufhin wurde die Belagerung aufgehoben, und die Reformierten erhielten ihr Gottesdienstrecht zurück. So weit die Geschichte vom Solothurner «Wengigeist» als Ausdruck der Toleranz und des gegenseitigen Respekts.

Obwohl die Annäherung bereits früher stattfand, fasste die Ökumene erst in den 60er Jahren des letzten Jahrhunderts, nach dem Zweiten Vatikanischen Konzil, in der Schweiz Fuss. Die Langendörfer verschafften dem legendären «Wengigeist» Nachachtung, als sie nach zähem Ringen und trotz Widerstand von vielen Seiten 1971 das erste ökumenische Kirchenzentrum der Schweiz einweihten.

Der Komplex wurde nach den Plänen des Zürcher Architekten Manuel Pauli gebaut und besteht aus je einem Gottesdienstraum für Katholiken und Reformierte sowie einem gemeinsamen Glockenturm. Die Kirchgasse dazwischen trennt und verbindet die beiden Andachtsräume, deren Zentren sich auf der Nord-Süd-Achse gegenüberstehen. Je eine Lukarne in den Aussenmauern beider Gebäude macht die Verbindung der gegensätzlichen Pole über die trennende Gasse sichtbar.

Adresse Stöcklimattstrasse 24, 4513 Langendorf, www.kirche-langendorf.ch/kath_new |
ÖV Bus 1 Richtung Oberdorf ab Solothurn Hauptbahnhof Kante C bis Haltestelle Langendorf Chutz | Tipp Vielleicht noch etwas Shopping gefällig? Das «Ladedorf» Langendorf
ist das älteste Einkaufszentrum im Kanton Solothurn. Es befindet sich in der ehemaligen
Uhrenfabrik «Lanco» (www.ladedorf.ch).

49 Der Schlossgarten

Geometrie mit Alpenblick

Das Schloss Wartenfels versprüht adligen Flair im Niederamt. Neben seiner bewegten Geschichte und der Architektur hat es aber auch noch einen weiteren Trumpf im Ärmel: seinen Garten. Dieser liegt quasi zu Füssen des Schlosses und verleiht ihm erst den ihm eigenen Charakter.

In der Schlossgärtnerei werden Jahr für Jahr rund 10.000 Saisonpflanzen gezogen, um den Schlosspark mit saisonaler Bepflanzung in ein temporäres Blütenmeer zu verwandeln. Ein Treibhaus beherbergt im Winter wiederum circa 50 nicht winterfeste Gewächse, die den Sommer in der Schlossanlage verbringen. Das Zentrum des Parks, die barocke Gartenanlage, liegt an der Schlossmauer. Kletterrosen und Hortensien blühen an den Laubengängen, und der Buchs wird geometrisch perfekt in Kugeln oder Pyramiden geschnitten. Auch eine in Form gebrachte Hainbuchenallee zeugt von der barocken Gartenkunst, die für jede Pflanze als geplanten Teil eines Ensembles einen genauen Platz und eine genaue Form vorsieht. Wie es die Tradition will, lebt die Schlossgärtnerfamilie auch heute noch im Gärtnerhaus.

Der Schlossgarten von Wartenfels ist nicht nur für Botanikfreunde ein attraktiver Ort, sondern auch für alle, die mal in einem Blumenmeer baden möchten: Hier kann man entspannen und in die Welt der Pflanzen eintauchen, den Stress abschütteln – oder auch einfach die eindrückliche Aussicht von der Juraterrasse aus geniessen. Wer hier oben steht, hat Überblick – eine Tatsache, die zweifelsohne auch den mutmasslichen Schlossgründer Wernher von Wartenfels in der Mitte des 13. Jahrhunderts vom Standort überzeugte. An klaren Tagen schweift der Blick bis zu den Alpen zwischen Säntis und Blüemlisalp.

Eine ganz besondere Kuriosität hat das Anwesen der Burg Wartenfels übrigens auch für Wanderer zu bieten: einen Wanderweg, der durch eine Scheune führt. Dieser ist, im Gegensatz zum Schloss, an keine Öffnungszeiten gebunden.

Adresse Schloss Wartenfels, 4654 Lostorf, www.wartenfels.ch | ÖV nächste Bushaltestelle
Lostorf Dorfplatz, circa 30 Minuten Fussmarsch | Anfahrt A 1, Ausfahrt Rothrist / Aarburg,
dann via Olten und Winznau nach Lostorf, Wegweiser folgen | Öffnungszeiten Mitte
Mai–Ende Okt. So 13–17 Uhr | Tipp Lostorf ist auch für sein Bad bekannt. Zwar sind
Hotel und Thermalbad seit weit über zehn Jahren geschlossen, aber wer eine Vorliebe für
heruntergekommene Zivilisationsruinen hat, der sollte trotzdem einen Blick auf das riesige
Gebäude inmitten der schönen Landschaft werfen.

50 Der Kulturhof Weyeneth

Von Tradition zu ökologisch bewusster Lebensart

Der Bucheggberg ist nicht nur bekannt für seine idyllische Landschaft und die ursprünglichen Dörfer und Weiler. Man kennt ihn auch wegen seiner Gasthöfe, in denen man sowohl die Vielfalt der traditionellen Landküche als auch internationale Spezialitäten geniessen kann.

Einer davon war der familiengeführte Gasthof Weyeneth in Nennigkofen. Das Restaurant befand sich im Wohntrakt des im Berner Spätbarock gegen Ende des 18. Jahrhunderts erbauten Wirtschaftsgebäudes. Zum Hof gehört auch der «Stock», eine im gleichen Stil errichtete dreigeschossige Dépendance. «Das Weyeneth» führte eine exzellente und weitherum beliebte traditionelle Küche. Nachdem sich das Wirtepaar Manfred und Maria Weyeneth zurückgezogen hatte, führten ihre Kinder den Hof für einige Jahre weiter, bis sie 2004 beschlossen, den traditionellen Restaurationsbetrieb aufzugeben. Die jüngste Tochter Doris Weyeneth wollte ihre Ideen und Erfahrungen in Bezug auf nachhaltigen Lebensstil, Ernährung und bewussten Umgang mit Ressourcen einbringen.

Über die Jahre und nach der Überwindung einiger Hindernisse wandelte sich der behäbige Landgasthof zu einem anerkannten Begegnungs- und Bildungszentrum für eine bewusste Lebensweise. Lange vor der Klimadiskussion war Nachhaltigkeit ein zentrales Anliegen. Der Hof spielt eine Vorreiterrolle in der Arbeit mit Permakulturen und effektiven Mikroorganismen. Neben Fastenwochen und Ernährungsberatungen werden Kurse für basische, gewürzfreudige vegetarische Küche mit veganen und Rohkostrezepten angeboten.

Ein Bed & Breakfast für Kurz- und Langzeitgäste und die Möglichkeit, den Hof und Garten für Familienfeste zu mieten, ergänzen die Angebotspalette. An vier Halbtagen in der Woche wird der Hof zum einzigartigen Dorftreffpunkt, wenn man sich im «Kafi etc.» bei Getränken und Kuchen austauscht oder zu einem gemütlichen Jass trifft.

Adresse Dorfstrasse 40, 4574 Lüsslingen-Nennigkofen, www.kulturhof-weyeneth.ch | **ÖV** Bus 8 Richtung Büren an der Aare, ab Solothurn Hauptbahnhof Kante C (stündlich) bis Haltestelle Nennigkofen Rössli | **Anfahrt** A5, Ausfahrt Solothurn-West, Richtung Büren an der Aare und Lyss bis Nennigkofen | **Öffnungszeiten** Kulturhof: je nach Kurs unterschiedlich, Infos telefonisch erfragen; «Kafi etc.»: Mo, Fr 13.30–18 Uhr, Di, Do 8.30–11.30 Uhr, an Feiertagen und in den Schulferien geschlossen | **Tipp** Der Bioladen aus dem Automaten befindet sich direkt beim Kulturhof. Neben Bio-Snacks und Getränken findet man Frischprodukte eines ortsansässigen Bauernbetriebes.

51 Das Haulital

Ein Königsgrab und ein Geisterhund

Auf der nördlichen Anhöhe über dem Dorf Lüterkofen-Ichertswil unweit der Zufahrt zur Kiesgrube Haulital befindet sich ein zauberhafter Aussichtspunkt mit einem Findling. Wer sich heute dort niederlässt und die Ruhe und die harmonische Atmosphäre des Ortes geniesst, kann sich nicht vorstellen, dass laut Überlieferung vor Urzeiten unweit davon das Haulitalschloss gestanden haben soll. Funde von Ziegel-, Ton- und Glasscherben sowie Metallgegenständen in der nahen Kiesgrube weisen auf eine frühe Besiedlung hin.

Die Zwingburg habe das Tal überwacht, mehr wisse man davon nicht, erzählt die Sage. Eines Tages seien wilde Horden eingedrungen und hätten in der Gegend furchtbar gewütet. Es ist nicht bekannt, ob der Zwingherr fliehen konnte oder von den Invasoren getötet wurde. Seine Behausung jedenfalls wurde dem Erdboden gleichgemacht. Aufgrund der Funde in der Kiesgrube könnte man vermuten, dass die sesshaften keltischen Bewohner der Talschaft von marodierenden Kriegerbanden überfallen wurden.

Die Überlieferung berichtet, dass die Horde weiterzog. Daraufhin starb wohl ihr Anführer, ob an einer Krankheit oder in einem Kampf, bleibt offen. Da sie ihn auf ihren Kriegszügen nicht mitnehmen konnten, beschlossen seine Gefährten, dass sechs von ihnen den Leichnam ein Stück zurück zum Haulital mitnehmen und ihn an einer schönen Stelle auf der Anhöhe begraben sollen. Der stille, abgelegene Ort hatte ihnen gefallen. Auf dem Hügel, wo die zerstörte Burg stand, sollen sie ein Grab ausgehoben und den goldenen Sarg des Königs hineingelegt haben. Bevor sie zu ihrer Truppe zurückkehrten, schworen sie sich, die Stelle geheim zu halten. Einzig des Königs schwarzer Hund blieb bis zu seinem Tod am Grab seines Meisters. Noch heute soll sein Geist dort umgehen, vor allem wenn das Wetter wechselt, kann es sein, dass man ihn bellen und heulen hört.

Adresse Koordinaten: 2 604'445, 1 223'618, 4571 Lüterkofen-Ichertswil | Anfahrt A 5, Ausfahrt Solothurn-West beziehungsweise Solothurn-Süd, auf der Hauptstrasse bis Biberist, dann weiter Richtung Lüterkofen-Ichertswil | Tipp Der Grimpachweiher ist ein weiterer Ort in Lüterkofen-Ichertswil, an dem man etwas zur Ruhe kommen kann (Koordinaten: 2 605'209, 1 224'355).

52 Der Emmenkanal

Pioniere der Industrialisierung im Wasseramt

«Vogel friss oder stirb!» schien die Devise für das Solothurner Patriziat gewesen zu sein, dessen Niedergang im 19. Jahrhundert unausweichlich war. Aufstrebendes Bürger- und Unternehmertum zwang die regierenden Familien, sich neu zu orientieren oder in Armut und Bedeutungslosigkeit zu versinken.

Einer, der sich dagegenstemmte, war Ludwig von Roll. 1813 errichtete er ein Schmiede- und Hammerwerk an der Emme bei Gerlafingen, die heutige Stahl Gerlafingen AG (siehe Ort 108). 1858 liess der Regierungsrat unter dem ehemals adligen Landammann Wilhelm Vigier die Nutzung der Wasserkraft auf Solothurner Gebiet entlang der Emme öffentlich ausschreiben, um Unternehmen anzusiedeln. Ein Jahr später wurden neue Betriebe der Papier- und Textilindustrie am Unterlauf der Emme von einem eben erbauten, parallel zum Fluss verlaufenden Kanal mit Energie versorgt. Die Kraftübertragung geschah zunächst mechanisch, indem die Wasserkraft über Riemengetriebe auf die Produktionsmaschinen gelenkt wurde. 1886 war es so weit: Die erste verlustarme Stromübertragungsleitung Europas verband das Kraftwerk Kriegstetten über eine Strecke von acht Kilometern mit der Schanzmühle in Solothurn. Zwei Jahre später wurde in Luterbach das erste Elektrizitätswerk am inzwischen verlängerten Emmenkanal für die Kammgarnspinnerei Derendingen gebaut. 1894 schliesslich nahm die junge «Gesellschaft des Aare- und Emmenkanals», die heutige AEK Energie AG, ihren Kanal entlang der Aare einschliesslich eines Kraftwerks bei der Brücke Luterbach-Flumenthal in Betrieb und ermöglichte damit die erste öffentliche Stromversorgung.

Diese Anlage wurde 1968 mit dem Kraftwerk Flumenthal etwas weiter flussabwärts ersetzt.

Die noch heute betriebene Kraftwerkstation am Emmenkanal bei Luterbach ist gleichzeitig Museum und Zeitzeuge der frühen Periode der Industrialisierung auf dem europäischen Kontinent.

Adresse Museum Hydroelectra, Solothurnstrasse 51, 4542 Luterbach, www.hydroelectra.ch |
Anfahrt A1, Ausfahrt Solothurn-Ost, dann Richtung Zuchwil-Zentrum, bei Kreisel Martins-
hof rechts abbiegen Richtung Luterbach | Öffnungszeiten nach telefonischer Vereinbarung |
Tipp Zwischen dem Emmenspitz und der Stadt Solothurn gibt es beidseits der Aare schöne
Spazierwege am Fluss entlang (Koordinaten Emmenspitz: 2 609'940, 1 229'652).

53 Die Grabenöle
Geschichtsträchtige Grobmechanik

Es knarzt und quietscht, es ächzt und malmt. Der Soundtrack der Grabenöle ist beeindruckend. Das Gebäude hat seine Wurzeln im 16. Jahrhundert und steht in einer kleinen Waldlichtung. Der durch das romantische Tal fliessende Mülibach speist heute wieder das grosse Wasserrad.

Die ursprüngliche Ölproduktion fand bereits vor dem Zweiten Weltkrieg ihr Ende. Danach stand sie still, bis Urs und Annette Schiess-Seifert 1981 das historische Gebäude erwarben. Nach der Restaurierung, in Zusammenarbeit mit der Denkmalpflege, begannen die hölzernen Zahnräder und Wellen sich 1988 wieder zu drehen, und seither entsteht hier nach altem Handwerk wieder Öl – vor allem aus Baumnüssen, aber auch Haselnüsse und Traubenkerne sowie andere Samen können wie eh und je gemahlen werden. Zuerst werden die Nüsse im sogenannten Kollergang von einem Läuferstein (er wiegt eine halbe Tonne) zerquetscht. Dann wird die Masse im Ofen mit integriertem Rührwerk auf etwa 80 Grad erwärmt – sanft, da sonst die Qualität leidet – und schliesslich in Tuch eingeschlagen und in der Keilpresse ausgepresst.

Für den Betrieb zeichnet der Öliverein Lüterswil verantwortlich. Er zählt 460 Mitglieder, im Vorstand sitzen deren neun, die alle der Faszination der Öli erlegen sind. Für eine Arbeitsschicht braucht es vier Leute, die die Gerätschaften überwachen und bedienen. Es kann aber auch mal sein, dass die Produktion stockt. Zum Beispiel, wenn etwas nicht rundläuft, wenn Geschiebe den Einlauf des Mülibachs verstopft oder wenn sich sogar eine Maus in den Kollergang verirrt hat. Dann heisst es: Maschinen stopp, bis alles geflickt, freigeschaufelt respektive das Tier gerettet ist.

Neben dem Öl produziert die Öli Nussmehl. Dieses ist allerdings kein Abfallprodukt, denn damit lässt sich vorzüglich backen. Zum Beispiel Nusskuchen, den man in der Grabenöli geniessen kann, wo es übrigens auch Führungen und ein kleines Museum gibt.

Adresse Grabenöliweg 1, 4584 Lüterswil, www.grabenoele.ch | **ÖV** Bus 886 ab Lohn-Lüterkofen Bahnhof bis Haltestelle Lüterswil Dorf, von dort 900 Meter zu Fuss | **Anfahrt** A 5, Ausfahrt Grenchen, via Arch nach Lüterswil, Wegweiser folgen | **Öffnungszeiten** während drei Monaten im Frühling und zwei Monaten im Herbst, genaue Öffnungszeiten siehe Webseite | **Tipp** Lüterswil-Gächliwil ist bekannt für seine jährlichen Oldtimertreffen jeweils am letzten Wochenende im August (Informationen siehe www.lueterswil-gaechliwil.ch).

54 Der KrimiSpass
Gemeindepräsident holt Verbrechen ins Dorf!

«Unweit von hier entdeckte ein Spaziergänger gestern Nachmittag eine Leiche.» Diese beunruhigende Nachricht erfährt man via QR-Code hinter der Gemeindeverwaltung von Matzendorf, einem beschaulichen Dorf im Naturpark Thal, wo man sicher kein Verbrechen erwarten würde. Zum Glück ist die Leiche nur Teil des Krimi-Spass, der an jenem Punkt beginnt.

Mitmachkrimis boomen, und auch die interaktive Betätigung an der frischen Luft mit Hilfe moderner Technik erlebt einen Aufschwung. Ein Angebot aus dieser Sparte ist der Themenweg Krimi-Spass, den es in über einem Dutzend Dörfern in der Schweiz gibt, von Laupen bis Arosa. Und seit dem Frühling 2019 eben auch in Matzendorf.

Der Kopf hinter dem Schweizer KrimiSpass ist der Berner David Baumgartner. Dass sein interaktives Freizeitangebot ins Thal kam, ist dem Gemeindepräsident von Matzendorf zu verdanken. Marcel Allemann absolvierte den KrimiSpass-Weg in Utzenstorf und war so begeistert davon, dass er Baumgartner kontaktierte und fragte, ob man die Sache nicht auch im Thal aufziehen könne.

Man konnte. Und so führt eine interaktive Geschichte Hobbydetektive an elf Posten im Dorf, wo via QR-Codes jeweils neue Informationen abrufbar sind. Es gibt Verdächtige, Motive und Audio-Nachrichten. Da sind genaues Lesen und Zuhören, Kombinationsgabe und fixes Ermitteln gefragt, bis sich die Lösung herauskristallisiert. Doch auch wer das Rätsel gelöst hat, braucht Matzendorfs Krimi-Spass nicht für immer den Rücken zu kehren. Denn es gibt verschiedene Storys, und alle ein bis zwei Jahre kann deshalb in einem neuen Kriminalfall ermittelt werden. Die Spannung bleibt. Das Gute an der Fiktion: Die Spuren verblassen nicht. Der Mord lässt sich zu jeder beliebigen Zeit aufklären, nach individuellem Gusto, und die Teilnahme ist kostenlos. Das Einzige, was es braucht, ist ein Handy und eine Online-Registrierung, um an die nötigen Infos zu kommen.

Adresse Kleinfeldstrasse, 4713 Matzendorf, www.krimispass.ch/naturpark-thal | ÖV
Bus 129 nach Matzendorf Unterdorf | Anfahrt A 1, Ausfahrt Oensingen, Route 30 nach
Matzendorf, Wegweisern zur Gemeindeverwaltung folgen | Tipp Wer mehr auf besinnliche
Wege steht, der findet im Nachbardorf Laupersdorf einen Stationenweg mit Lourdesgrotte.

55 Die Burg Rotberg

Wo die Jugend gewissermassen geadelt wurde

In einer Burg übernachten, ganz ohne blaues Blut? Jugendherberge macht's möglich. Die Rotberg gehört sicher zu den aussergewöhnlichsten Youth Hostels der Schweiz, denn sie wurde nicht einfach von einem phantasievollen Architekten so gestaltet, sondern sie ist eine wirkliche Burg mit historischen Wurzeln. Im 13. Jahrhundert wurde sie als Sitz der Herren zu (na, was wohl?) Rotberg erbaut. Allerdings wohnten die edlen Herren nur kurze Zeit am Nordhang des Blauen, bevor sie Landflucht begingen und nach Basel zogen. Nach 1645 stand die Burg definitiv leer, und der Zahn der Zeit verwandelte sie allmählich in eine Ruine. Die Bevölkerung aus der Umgebung benutzte sie – wie viele andere zerfallende Burgen damals – als Steinbruch. Die Auferstehung kam ausgerechnet während der Wirtschaftskrise in den 1930er Jahren: Arbeitslose Jugendliche bauten sie im freiwilligen Arbeitsdienst 1934 bis 1935 wieder auf, und zwar als eine von zwei Jugendburgen der Schweiz, die damals nach Vorbildern in Deutschland und Frankreich errichtet wurden. Heute dient die Burg mit dem märchenhaften Aussehen als Jugendherberge – wo bekanntlich Menschen jeglichen Alters willkommen sind. Aus heutiger archäologischer Sicht ist allerdings zu sagen, dass die damalige Restaurierung wohl auch den letzten noch vorhandenen historischen Originalspuren den Garaus gemacht hat.

Aber zum Übernachten eignet sie sich wunderbar, denn die Rotberg besitzt alles, was man sich so wünscht für eine Burg: einen Innenhof, einen Wehrgang, eine Ringmauer und einen Rundturm, Fachwerk sowie ein offenes Kamin im Rittersaal. Die Mauern sind meterdick und die Treppen steil und verwinkelt.

Ritterliche Noblesse und feudaler Reichtum sind in der Rotberg allerdings beschränkt: Das Turmzimmer sowie drei weitere Räume dienen als Doppelzimmer, der Rest sind Massenschläge für zwischen zehn und 14 Gäste.

Adresse Jugendherberge Mariastein, Burg Rotberg, 4115 Mariastein-Rotberg, www.youthhostel.ch/mariastein | ÖV Tram 10 bis Haltestelle Flüh, Bus 69 bis Mariastein Abzweigung Rotberg, von dort 550 Meter zu Fuss | **Anfahrt** A 18, Ausfahrt Aesch, Wegweisern nach Mariastein folgen | **Öffnungszeiten** in der Regel März–Dez. | **Tipp** Die beiden achteckigen Dorfbrunnen im ehemaligen Bauerndorf Metzerlen aus dem Jahr 1800 prägen das Ortsbild noch heute. Es sollen sogar die grössten Brunnen im Kanton sein, sagt man.

56 Die Gnadengrotte

Globalisierter Glauben

Rund 600 Jahre sind ins Land gezogen, seit sich hier in Mariastein gleich zwei Fallwunder ereignet haben: Erst war es ein armes
Hirtenkind und später ein adeliger Junker, welche den Sturz von
einer hohen Felswand dank der Rettung durch die Mutter Maria
fast unverschrt überlebten.

So entstand am Ort der Wunder das Kloster Mariastein, heute
der zweitwichtigste Wallfahrtsort der Schweiz. Jährlich pilgern
rund 200.000 Besucher hierher. An den Wänden des Gangs, der
zur Gnadengrotte führt, sind unzählige Votivtafeln angebracht –
in allen möglichen Sprachen und Schriften. Ein Blick auf die in
Stein gemeisselte Dankbarkeit zeigt die eindrückliche Reichweite
von Marias Ausstrahlung, die Menschen aus der ganzen Welt zu
erfassen scheint.

Apropos Welt: Nicht nur für gläubige Christen ist Mariastein
eine wichtige Pilgerstätte. Auch zahlreiche in der Schweiz lebende
Hindus, vor allem Tamilen, betrachten den Ort als heilig, da sie in
der Maria im Gnadenbild der «Mutter vom Trost» ihre Göttin Kali
sehen. Kali – auf Sanskrit: «Die Schwarze» – steht in ihrem Glauben
gleichsam für Tod, Zerstörung und Erneuerung.

Schon im 15. Jahrhundert wurde die Wallfahrt nach Mariastein
schriftlich erwähnt. Allerdings zogen erst 200 Jahre später, 1648, die
Mönche des Benediktinerklosters Beinwil (siehe Ort 11) aus klimati-
schen und wirtschaftlichen Gründen nach Mariastein. Sie gründeten
eine Klosterschule, renovierten die Gnadengrotte, verbesserten den
damals noch schwierigen Zugang und bauten die Wallfahrtskirche.
Während der Französischen Revolution wurde das Kloster teilweise
verwüstet, und im Kulturkampf 1874/75 wurde es erneut aufgehoben. Dass heute beim Wallfahrtsort wieder Mönche leben, war
schlussendlich kein kirchlicher, sondern ein politisch-demokratischer
Entscheid: 1971 wurde die Benediktinerabtei in einer kantonalen
Volksabstimmung staatsrechtlich wiederhergestellt.

Adresse Kloster Mariastein, Klosterplatz 2, 4115 Mariastein, www.kloster-mariastein.ch |
ÖV Tram 10 bis Haltestelle Flüh, Bus 69 bis Mariastein Dorfplatz | **Anfahrt** A 18,
Ausfahrt Aesch, von dort signalisiert | **Öffnungszeiten** täglich 8 – 20.30 Uhr | **Tipp** Im
Geschenkladen beim Kloster kann man katholische Hilfsmittel für alle Lebenslagen
kaufen – ein wahres Paradies für Fans von Religionssouvenirs, Nippes und Kitsch.

57 __Die (fehlende) Bahn-Linie

Wo auf den Goldrausch bittere Enttäuschung folgte

Wasserfallenbahn und Robert Stephenson … Dieser Text könnte von einer Gondelfahrt und einer Schatzinsel handeln, aber das tut er nicht. Hier geht es um ein Projekt, das sich in Luft auflöste, und um zerstörte Existenzen.

Das Projekt der Wasserfallenbahn im 19. Jahrhundert ist nicht zu verwechseln mit der gleichnamigen Luftseilbahn, die Ausflügler von Norden her auf den Berg Wasserfallen bringt. Und Robert Stephenson war ein britischer Ingenieur und heisst nur fast wie Robert Louis Stevenson, der schottische Autor des berühmten Romans um einen Piratenschatz.

Stephenson (nicht Stevenson) schlug bereits 1849 vor, für eine Bahnverbindung zwischen Basel und Bern einen Tunnel durch den Jura zu schlagen, und zwar durch die Wasserfallen bei Mümliswil. Doch dann wurde zuerst der Hauenstein-Scheiteltunnel realisiert (siehe Ort 41). Als die Pläne 1873 wieder aufgenommen und mit den Arbeiten sogar begonnen wurde, verspürte Mümliswil so etwas wie einen Goldrausch. Bereits zwei Jahre später aber kam das vorzeitige Ende des Projekts aus bis heute umstrittenen Gründen. War es die zu grosse Konkurrenz, Fehlplanung oder gar bewusste Sabotage? Auf jeden Fall war es für die betroffenen Gemeinden und viele andere Beteiligte ein finanzielles Desaster. Enttäuscht wanderten insgesamt 16 Mümliswiler nach Amerika aus.

Das kurze Intermezzo des Bahnfiebers im 19. Jahrhundert hinterliess nicht nur Bitterkeit, sondern auch sonst Spuren. Noch heute klafft bei Reigoldswil BL das Loch des Nordportals. Sowohl die Waldenburgerbahn nördlich als auch die Oensingen-Balsthal-Bahn (OeBB) südlich des Bergs sind Folgen der gescheiterten Wasserfallenbahn. Und in Mümliswil hat sich der Strassenname «Linie» erhalten. Das entsprechende Quartier ist auf Bauschutt aus dem Tunnel gebaut, und wo sich heute ein Parkplatz befindet, ist das Terrain immer noch für den Bahnhof Mümliswil eingeebnet.

Adresse 4717 Mümliswil | ÖV ÖBB ab Oensingen, Bus 115 ab Balsthal Bahnhof bis Haltestelle Mümliswil Post | Anfahrt A 1, Ausfahrt Oensingen, Route 12 bis Balsthal, dann Lobiseystrasse bis Mümliswil | Tipp Kurz vor dem Passübergang des Passwangs bietet das Restaurant Alpenblick Speis und Trank mit bester Aussicht (www.alpenblick-passwang.ch).

58 Das Lamatrekking

Auf Du und Du mit Schwielensohlern

Auf leisen Sohlen sind sie unterwegs, die Lamas von Jacqueline und Christoph Kohler. Obwohl zur Gattungsgruppe der Neuweltkameliden gehörend, leben sie nicht in der Neuen Welt, sondern weit oberhalb von Mümliswil, auf dem Hofgut Lindenmatt auf gut 810 Metern – so hoch, dass sich die Nebelgrenze oft unterhalb der Lamaweiden befindet und die südamerikanischen Kamelverwandten im Sonnenschein stehen, während weiter unten die Suppe schwappt.

Die Schritte der Schwielensohler – so die offizielle Bezeichnung jener biologischen Unterordnung, zu der die Lamas gehören – sind sanft und tönen ein wenig wie das Tappen von Kleinkindern in Krabbelschuhen. Irgendwie wird man eins mit dem Tier, bei dem alle Sinne sind und mit dem gemeinsam sich die Juraketten plötzlich ein wenig wie Andenberge anfühlen. Lamas sind sehr sanftmütige Tiere, und dass sie spucken, stimmt nicht. Oder fast nicht, und wenn, dann nur untereinander. Also meistens … Wie auch immer: Es gibt absolut keinen Grund, nicht zum Lamatrekking im Guldental zu gehen, denn nicht von ungefähr erfreuen sich Spaziergänge mit Tieren ungebrochener Beliebtheit bei Menschen, deren Herz nicht nur für Stahl und Beton schlägt.

Der Lamahengst Pizarro führt die muntere Truppe an. So will es das Protokoll respektive sein Alphatier-Denken, schliesslich ist er der Stammvater der Familie. Dahinter folgen die Wallache Diego, Juno, Nubio, Santos, Vulkan und andere, je nach Grösse der Gruppe, mit ihren zweibeinigen Begleitern.

Kohlers bieten Lamatrekkings nach Mass und in Absprache mit den Gästen an. Übrigens: Wenn Lamas etwas nicht kennen, stossen sie zur Sicherheit Warnrufe aus, sind ansonsten aber sehr neugierig. Da sie im Gegensatz zu vielen anderen Pflanzenfressern keinen ausgeprägten Fluchtreflex haben, werden sie sogar manchmal als Herdenschutztiere für Schafherden verwendet. Wahrlich vielseitige Tiere.

Adresse Familie Kohler, Lindenmatt 87, 4717 Mümliswil | Anfahrt A1, Ausfahrt Oensingen, Route 12 bis Balsthal, dann Lobiseystrasse bis Mümliswil, in nordöstlicher Richtung aus dem Dorf fahren | Öffnungszeiten Termine nach Vereinbarung unter Tel. 079/6870824 | Tipp Wer noch weiterwandern will (ohne tierische Begleitung), dem sei das Chellenchöpfli wärmstens empfohlen, erreichbar von der Bergstation der Luftseilbahn Wasserfallen aus (www.region-wasserfallen.ch).

59 Das Kamm-Museum

Erinnerung an einen explosiven Exportschlager

In Mümliswil spielte sich einst ein wichtiges Kapitel Industriegeschichte des Kantons Solothurn ab: In der Kammfabrik wurden aus
Büffel- und Ochsenhorn sowie aus kostbarem schillernden Schild-
patt Zierkämme hergestellt. Die Produkte aus dem Guldental schaff-
ten einst den Weg bis in die nobelsten Gesellschaften und sogar
bis in die Haarpracht der spanischen und britischen Königsfamilie.
Das Handwerk des «Strählmachers» hatte ein junger Mann namens
Urs Joseph Walter im Bernbiet erlernt und im Jahr 1792 in seine
Heimat Mümliswil gebracht. Die anfänglich handwerkliche Produktion wuchs zum Industriezweig an. Fast 100 Jahre später stellte Urs
Josephs Urenkel Otto Walter-Obrecht einen Teil der florierenden
Kammproduktion auf Zelluloid um: ein Material, das gut zu bearbei-
ten war, aber auch leicht entzündlich und deshalb im wahrsten Sinne
des Wortes brandgefährlich.

Am 30. September 1915 führte ein Funke zur Katastrophe: Es
kam zur gewaltigen Explosion, und innert Sekunden brannte die
Kammfabrik lichterloh. 32 Arbeiter verloren ihr Leben – ein für das
ganze Tal traumatisches Ereignis, an das noch heute ein Denkmal
bei der Pfarrkirche St. Martin erinnert.

Nach dem Ersten Weltkrieg erreichte die «Kammi» den höchsten
Beschäftigungsgrad ihrer Geschichte: Rund 400 Arbeiter stellten
Kämme für den Export in alle Welt her, sogar in Buenos Aires gab es
eine Filiale. Doch neu entdeckte Kunststoffe, die ausländische Konkurrenz und die aufkommende Mode der Kurzhaarfrisuren setzten
dem Traditionsbetrieb zunehmend zu. 1990 kam es zum bitteren
Ende: Die Fabrik schloss ihre Tore für immer.

Geblieben von der schillernden Erfolgsgeschichte ist das Museum
HAARUNDKAMM im ehemaligen Büro- und Speditionstrakt der
Fabrik. Die Exponate erinnern an jene Zeit, als die weite Welt und
das Dorf hinter der Klus im Thal dank Haarschmuck eine direkte
Verbindung hatten.

Adresse Kammpark 10, 4717 Mümliswil, www.haarundkamm.ch | ÖV ÖBB ab Oensingen, Bus 115 ab Balsthal Bahnhof bis Haltestelle Mümliswil Kammfabrik | Anfahrt A 1, Ausfahrt Oensingen, Route 12 bis Balsthal, dann Lobiseystrasse bis Mümliswil | Öffnungszeiten Mi–Fr 14–18 Uhr, Sa, So 11–17 Uhr | Tipp Sollte man während des Museumsbesuchs plötzlich Lust auf einen Haarschnitt bekommen, kein Problem: Im selben Gebäude gibt es sogar einen Coiffeursalon. Wo hat man diesen Service denn sonst?

60__Die Jura Kaffeewelt

Auf dem «Roger Federer Walk of Fame»

1931 gründete der Mechaniker Leo Henzirohs in Niederbuchsiten eine Einzelgesellschaft für die Herstellung und den Vertrieb von Haushalts- und Elektrogeräten. 1945 wurde daraus eine Aktiengesellschaft, die wegen ihrer Lage am Jurasüdfuss unter dem Namen «Jura Elektroapparate L. Henzirohs AG» registriert wurde.

Heute heisst sie «Jura Elektroapparate AG». Die «Jura» wurde zur schweizweit bekannten Marke für Bügeleisen, Toaster, Heizplatten und andere elektrische Gerätschaften. Anfang der 90er Jahre fokussierte man auf den Aufbau von Wachstumsmärkten. Ab 1994 begann die Produktion von Kaffeevollautomaten. 2008 schliesslich wurden die Produktion und der Vertrieb von Bügeleisen eingestellt. Inzwischen ist Jura ein Weltführer im Markt für Kaffeevollautomaten für den Haushalt und in über 50 Ländern mit eigenen Vertriebsgesellschaften oder Joint Ventures präsent. Der Fokus richtet sich bewusst auf das obere Preissegment.

Die Strahlkraft der Marke wurde mit dem wohl berühmtesten Schweizer seit Wilhelm Tell, Tennisstar Roger Federer, als Botschafter verstärkt. 2006 öffnete das Besucherzentrum «JURAworld of Coffee» seine Tore. Der hochmoderne Bau aus Stahl und Glas liegt unmittelbar an der Autobahn A 1 und bietet eine Kaffee-Erlebniswelt mit Shop und Kaffee-Lounge. Sie nimmt die Besucher mit auf eine Reise durch die Geschichte des legendären Getränkes. Dabei kann man selbstverständlich sowohl die Geräte testen als auch den Kaffee verkosten.

Ergänzend zur Ausstellung entstand der bis heute weltweit einzige «Roger Federer Walk of Fame». Kaffeeliebhaber, die gleichzeitig Federer-Fans sind, haben die Möglichkeit, sich mit einer lebensechten 3-D-Figur ihres Idols ablichten zu lassen. Sie können auf den Spuren des erfolgreichsten Stars der Tenniswelt wandeln und dabei einen original Wimbledon-Pokal sowie andere Trophäen und Devotionalien bewundern.

Adresse Kaffeeweltstrasse 1, 4626 Niederbuchsiten, www.ch.jura.com/de/kaffeewelt |
ÖV Bus 505 ab Oensingen oder Olten bis Haltestelle Niederbuchsiten Linde, dann zu
Fuss circa 10 Minuten | Anfahrt A 1, Ausfahrt Oensingen, auf der Hauptstrasse 5 Richtung
Olten, in Oberbuchsiten rechts abbiegen nach Niederbuchsiten | Öffnungszeiten Mo–Fr
9–18.30 Uhr, Sa 9–16 Uhr, Gruppenbesuche nur mit Voranmeldung; Eintrittspreis für
Erwachsene: 9 CHF (inklusive Kaffeeklassiker) | Tipp Im Mövenpick Hotel Egerkingen
über dem Autobahnkreuz Härkingen kann man bei Kaffee und Kuchen oder auch bei einem
guten Essen die Aussicht auf das Gäu und die Alpen bewundern (www.movenpick.com,
Suchbegriffe: Switzerland und Egerkingen).

61 Die Schlosskirche

Nach Brandschatzung und Abspaltung zum Spätbarock

Die Kirche St. Antonius von Niedergösgen ist eine von vielen, die dem heiligen Antonius geweiht sind, dem Einsiedler und «Vater der Mönche» aus dem 3. und 4. Jahrhundert nach Christus. Doch sie fällt auf, und zwar durch ihr Äusseres. Fährt man im Zug auf der Hauptstrecke Bern–Zürich, so erblickt man zwischen Olten und Aarau den riesigen Kühlturm des Kernkraftwerks Gösgen (siehe Ort 18), und fast zeitgleich sticht auch ein ganz anderes Gebäude ins Auge. Von Weitem sieht es aus wie ein Schloss, das seinen trutzigen Turm weit sichtbar in die Höhe reckt: Es ist die Schlosskirche St. Antonius – und sie steht an dem Ort, an dem sich über Jahrhunderte wirklich ein Schloss befand, das ursprünglich der Freiherr Gerhard von Gösskon hatte bauen lassen und das viel, viel später den Auswirkungen der Französischen Revolution zum Opfer fiel. Das 19. Jahrhundert fristete die einstige stolze Ritterburg als traurige Ruine auf dem Felssporn mitten in Niedergösgen.

Die Schlosskirche selbst ist ein Kind von Abspaltungen innerhalb der katholischen Kirche. Wegen Auseinandersetzungen plante die römisch-katholische Kirchgemeinde eine eigene Kirche und beauftragte deshalb 1901 den bekannten St. Galler Architekten August Hardegger mit dem Bau eines neuen Gotteshauses. Er integrierte die ehemalige Burg und den Felssporn und schuf das heutige Gebäude aus massivem Sichtmauerwerk, dessen Grundriss einer Blume ähnelt.

Im Innern dominieren Spätbarock und Rokoko, aber auch der damals aktuelle Heimatstil schlägt sich in der Architektur nieder. Der eine Seitenaltar zeigt Maria als Himmelskönigin, der andere ist dem Kirchenpatron Antonius geweiht.

Fachkreise sind sich weitgehend einig, dass die Schlosskirche heute der schönste neubarocke Sakralbau der ganzen Schweiz sei. Die Kirche St. Antonius steht sowohl unter eidgenössischem als auch kantonalem Denkmalschutz.

Adresse Schlossrainstrasse 7, 5013 Niedergösgen | **ÖV** Bus 501 und 507 bis Haltestelle Niedergösgen Falkenstein | **Anfahrt** A 1, Ausfahrt Rothrist, via Olten, dann Route 5 bis Niedergösgen | **Tipp** Auf dem Weg zurück zur Autobahn kommt man kurz nach Olten im Städtchen Aarburg (Kanton Aargau) mit seinem gewaltigen Festungsbau vorbei. Ein Besuch lohnt sich.

62 Der Chirsiweg

Auf den Spuren des Steinobstes

Die Kirsche – auf Dialekt «das Chirsi» – hat nicht nur den ehrenvollen Platz im Gemeindewappen von Nuglar-St. Pantaleon inne, sondern ist auch sonst omnipräsent in der Doppelgemeinde des Schwarzbubenlands. Es gibt sogar einen eigenen Weg, den Chirsiweg, der als Rundwanderung angelegt ist und ohne Pausen zwischen einer und zwei Stunden dauert. Wo man anfängt, ist nicht wichtig, und auch die Richtung ist egal.

Die Attraktivität des Rundwegs kann allerdings nicht darüber hinwegtäuschen, dass die Kirsche sowohl im Schwarzbubenland als auch im angrenzenden Baselbiet – einst Kirschenkanton par excellence – drastisch an wirtschaftlicher Bedeutung eingebüsst hat. Dies hat sich auch im Landschaftsbild niedergeschlagen. Noch in den 1980er Jahren standen sage und schreibe 20.000 Hoch- und Mittelstamm-Obstbäume in der Flur von Nuglar und St. Pantaleon. Heute ist es gerade mal die Hälfte, wobei auch diese Zahl noch beachtlich ist und einen Rekord in der näheren Umgebung darstellt.

Mittlerweile wurde erkannt, dass die Kirschbäume als Teil der Tradition im Schwarzbubenland ohne bewusste Förderung verloren sind. Kanton und Gemeinde unterstützen darum die Bewirtschafter, und dank entsprechenden Programmen konnte das Verschwinden der Bäume aufgehalten werden. Es werden sogar wieder junge Hochstämmer gepflanzt. Dass die süssen Früchte auch in jenen Zeiten noch Absatz finden, in denen die Kirschen im Grossverteiler von der Grösse her bald schon die Aprikosen einholen, liegt nicht zuletzt in der Verantwortung der Konsumenten. Das wirksamste Mittel zur Rettung der traditionellen Kulturlandschaft: lokale Produkte kaufen.

Am besten begeht man den Chirsiweg während der Kirschenreife im Juni – Juli. Alternativ ist auch die Zeit der Kirschenblüte, des Chirsibluescht, äusserst attraktiv. Dann verwandelt sich das Schwarzbubenland in ein weisses Blütenmeer.

Adresse Beginn zum Beispiel an der Ausserdorfstrasse, 4412 Nuglar, www.nuglar.ch | ÖV
Bus 73 bis Haltestelle Nuglar Dorfplatz | Anfahrt A 22, Ausfahrt Liestal Süd, durch Liestal,
via Oristalstrasse nach Nuglar | Tipp Das Restaurant Rebstock in Nuglar bietet gute Küche.
Der Überlieferung nach war der Grossvater der Autorin bereits als Säugling im Rebstock,
als er nämlich nach seiner Taufe im Weidenkorb auf dem Kachelofen «deponiert» wurde
(www.rebstock-nuglar.ch).

63 Die Nuglar Gärten

Lokal und weltoffen

Ein Bauernbetrieb auf 22 verschiedenen Parzellen, sechs Hektaren gross. Für heutige Verhältnisse ist dies wenig, und dennoch sind die Nuglar Gärten etwas ganz Besonderes, entstanden aus einem Netzwerk von Urban Agriculture Basel. Hauptverantwortliche für die drei grossen Gemüsefelder unterhalb von Nuglar und die verschiedenen kleineren Flächen ist Landwirtin Dominique Oser. Gemeinsam mit zwei Angestellten und einer Handvoll Praktikanten, StudentInnen und freiwilligen Helfenden bewirtschaftet sie die Nuglar Gärten seit 2013 nach biologisch-dynamischen Richtlinien und dem Prinzip der solidarischen Landwirtschaft. Etwa 90 Abonnenten können einmal wöchentlich in einem von sieben Depots Gemüse und Obst abholen, je nachdem, was Saison hat und was im Boden und an den Bäumen des Schwarzbubenlands gereift ist. Derzeit beschränkt sich das Angebot auf rein Pflanzliches, aber es wäre auch denkbar, dass vielleicht einmal Hühner als Bioeier-Produzentinnen dazukommen, sagt Oser.

Für die Nuglar Gärten war es von Anfang an wichtig, auch die kulturelle Komponente mit einzubeziehen – ein Zeltlager im Kirschenhain etwa, Singen auf dem Feld oder Kurse von Bodenkunde bis Meditation. Ebenfalls wesentlich ist der Bildungsfaktor, indem in der Praxis aufgezeigt wird, wie eine andere, rücksichtsvolle Landwirtschaft auch möglich ist: ökologisch, sozial verträglich und gemeinschaftlich.

Für die Bildung ist auch der Weltacker unterhalb des Dorfes zentral. Auf ihm wird massstabgetreu die Ackerfläche, die weltweit pro Mensch zur Verfügung steht, aufgezeigt, mit allem, was darauf wächst. Es sind 2.000 Quadratmeter. «So können wir Zusammenhänge erklären und emotional fühlbar machen», sagt Bastiaan Frich, eines der Gründungsmitglieder der Nuglar Gärten, und er sieht sogar noch weiter: «Jeder Bissen, den wir zu uns nehmen, ist irgendwo gewachsen und kann so zu einem Friedensimpuls beitragen.»

Adresse Liestalerstrasse, 4412 Nuglar, www.weltacker.ch | ÖV Bus 73 bis Haltestelle Nuglar Neumatt | Anfahrt A 22, Ausfahrt Liestal-Süd, durch Liestal, via Oristalstrasse nach Nuglar, Nuglar Gärten am Dorfeingang links | Tipp In der Alten Brennerei in Nuglar wird heute das Schwarzbuebe Bier gebraut – und trinken kann man es dort auch (www.altebrennerei.ch).

64 Die Dinosaurierplatte
Strandspaziergang mit den Dinos

Wie kamen Riesensaurier bloss diese steilen Felswände hoch? Das mögen sich die Besucher angesichts der Dinosaurierspuren in der Felswand auf der Oberdörfer Seite des Lommiswiler Steinbruchs fragen. Die Antwort liegt ein paar Jahre zurück, genau genommen 145 Millionen, in der Endphase des Jura-Zeitalters. Wo man heute im Herbst und Winter auf den Jurahöhen das gewaltige Nebelmeer über dem Mittelland bewundern kann, existierte tatsächlich ein Ozean: das subtropische Jurameer. Saurier beherrschten die Erde, von denen einige ihre Spuren im Kalkschlamm des Ufers hinterliessen. Diese wurden im Lauf der Zeit durch Algenbewuchs konserviert und von weiteren Kalkschichten überdeckt, die schliesslich versteinerten. Rund 100 Millionen Jahre später wurde die Fährtenschicht mit der Faltung des Juragebirges in die Höhe geschoben. Der Abbau des Solothurner Steins (siehe Ort 86) brachte Abdrücke zum Vorschein, die 1987 als Dinosaurierfährten erkannt wurden.

Der Steinbruch ist heute stillgelegt und darf wegen der Rutsch- und Steinschlaggefahr nicht betreten werden. Die Spuren auf dem unteren Teil der Kalksteinplatte sind von einer Besucherplattform aus gut zu erkennen. Informationstafeln geben Aufschluss über die Entstehungsgeschichte der Spuren. Was die Riesensaurier vor Jahrmillionen nicht geschafft hätten, fällt den Gämsen, die in der heutigen Zeit die Steilwand hochkraxeln, recht leicht. In der Regel versammelt sich das Rudel bei Tagesanbruch in den Wänden beider Steinbrüche. In der Gegend wird neben den Ziegenartigen und Rotwild auch hin und wieder ein Luchs gesichtet. Die Wahrscheinlichkeit, ihm zu begegnen, ist allerdings gering.

Der Lommiswiler Steinbruch ist nur zu Fuss oder per Bike erreichbar. Es ist empfehlenswert, die Spuren am Morgen oder am späteren Nachmittag zu besuchen, da sie im schrägen Lichteinfall deutlicher zu erkennen sind.

Adresse Koordinaten: 2 602'792.500, 1231'710.875, 4515 Oberdorf (SO) | ÖV Regio-Zug ab
Solothurn Hauptbahnhof oder Solothurn-West Richtung Moutier bis Haltestelle Im Holz
oder Oberdorf SO | Anfahrt A 5, Ausfahrt Solothurn-West, Richtung Solothurn-Nord und
Weissenstein, Parkmöglichkeit auf den Parkplätzen der Seilbahn Weissenstein | Tipp Für
diejenigen, die das Leben der Dinos etwas anschaulicher präsentiert bekommen möchten: Das
Sauriermuseum in Bellach gibt auf spannende und spielerische Weise Einsicht in das Leben
der Riesenechsen, was besonders interessant für Kinder ist (www.sauriermuseum-bellach.ch).

65 Die Wallfahrtskirche

Bayerischer Hochbarock am Fuss des Weissensteins

«In lob un er der iungelichen muoter maget marien», prangt in gotischen Lettern auf der auf etwa 1420 datierten Glocke der Wallfahrts- und Pfarrkirche Maria Oberdorf, die heute im offenen Unterbau des Kirchenturms zu sehen ist. Bereits im Hochmittelalter befand sich am Standort der heutigen Kirche eine kleinere Saalkirche, die dem Erzengel Gabriel gewidmet war. 1327 ist urkundlich erwähnt, dass dem Stiftspropst von Solothurn seit 740 das Recht eingeräumt wurde, in Oberdorf einen Kaplan zu ernennen. Im Hundertjährigen Krieg zerstörten Gugler die Pfarrkirche im benachbarten Lommiswil. Daraufhin übernahm die Kapelle Oberdorf die Funktion der Leutkirche für die Umgebung. Ihre Bedeutung belegt ein 1420 errichteter, der Jungfrau Maria geweihter Neubau. Das Gnadenbild einer sitzenden Madonna mit Kind wird darauf zurückgeführt. Die Herkunft des Bildes ist ungewiss. Es könnte von einem zeitgenössischen Künstler eigens für die Kirche von Oberdorf angefertigt worden sein. Manche vermuten, es handle sich dabei um ein Bildnis aus der zerstörten Kirche von Lommmiswil.

Die heutige Kirche wurde von einem lombardischen Baumeister 1604 erbaut. Die äusserlich schlichte Bauweise entspricht der lombardischen Kunst jener Zeit. Die Besonderheit der Oberdörfer Kirche liegt in ihrer Innenausstattung. Sie ist das Werk der Gebrüder Schmutzer, geachteter Künstler des in Oberbayern begründeten Wessobrunner Barocks. Maria Oberdorf zählt zu den schönsten Hochbarockbauten der Schweiz, da sie das einzige vollständig erhaltene Wessobrunner Ensemble eines Kirchenraumes in der Schweiz aufweist.

Ein weiteres besonderes Element ist das Oberdörfer Kreuz, ein Holzkreuz mit geschnitztem Christus, welches in der Zeit des Kulturkampfes zur Finanzierung einer notwendigen Kirchenrenovation an den Solothurner Kunstverein verkauft wurde. Erst 2009 konnte es in einem festlichen Gottesdienst neu eingesegnet werden.

Adresse Kirchgasse 7, 4515 Oberdorf, www.pfarrei-oberdorf.ch | ÖV Bus 1 ab Solothurn Hauptbahnhof Kante C bis Haltestelle Oberdorf Dorfplatz | **Anfahrt** Parkplatz beim Friedhof an der Kirchgasse | **Tipp** Oberdorf lebte nicht vom Glauben allein. In früheren Zeiten waren bis zu neun Wasserräder in Betrieb. Eines davon dreht sich noch heute auf dem Dorfplatz.

66 Der Weissenstein

Der neu geborene «Berg»

Wer im Schatten des Weissensteins aufgewachsen ist, lebt eine Beziehung zum «Bärg», die zwischen Zuneigung und zeitweiliger Hassliebe wankt. Letztere empfand man vor allem, wenn man als Kind in den Ferien oder an Sonntagen in aller Herrgottsfrühe aus den Federn gerissen wurde und sich zu Fuss den Berg hochschleppen musste, nur weil die Eltern den Sonnenaufgang bewundern wollten. Im Teenageralter und nach durchgefeierter Nacht machte man sich entweder mit dem ersten Schatz oder mit der Begleitung des Moments freiwillig um drei Uhr früh auf die Socken. Nach einigen romantisch-innigen Unterbrüchen traf man zur Frühstückszeit beim Kurhaus ein. Der Abstieg verlief komfortabler auf dem alten Zweiersessellift, der 2014 durch eine moderne Gondelbahn ersetzt wurde.

Welche Solothurnerin oder welcher Solothurner bekommt keine Heimatgefühle, wenn sie oder er nach langer Abwesenheit nachts heimkehrt und die «drei hellsten Solothurner» erblickt, die drei Scheinwerfer auf dem Dach des Kurhauses, deren Leuchten weitherum im Mittelland zu sehen ist?

Berg, Bahn und Kurhaus sind Darsteller einer dramatischen Komödie in mehreren Akten mit einem vorläufig glücklichen Ende. Nach Jahren dramatischer Wendungen wurden Bahn und Kurhaus trotz Misstönen und dank Solothurner Beharrlichkeit neu- beziehungsweise umgebaut. In der Bahn sitzt man nicht mehr bei Kälte oder Hitze im Freien, sondern schwebt in einer komfortablen Sechsergondel dem «Bärg» entgegen. Das 1827 erbaute Kurhaus erstrahlt nach einem Facelifting in neuem Glanz, während die früher stromstark befeuerten hellsten Solothurner den Rückkehrern in LED und verschiedenen Farben heimleuchten. Was stets da sein wird, und das ist die Hauptsache, ist die Aussicht über das Mittelland, welches im Herbst und Winter im Nebelmeer versinkt, sodass man vom «Solothurner Strand» zur Majestät der Alpen am gegenüberliegenden Ufer blicken kann.

Adresse 4515 Oberdorf SO, www.seilbahn-weissenstein.ch, www.hotelweissenstein.ch |
ÖV Regio-Zug ab Solothurn Hauptbahnhof oder Solothurn-West Richtung Moutier bis
Haltestelle Oberdorf SO | Anfahrt A 1, Ausfahrt Solothurn-West, Richtung Solothurn-
Nord / Weissenstein bis Oberdorf SO, Parkmöglichkeiten bei der Seilbahn | Tipp Das Berg-
gasthaus «Hinterweissenstein» liegt etwa eine halbe Stunde Marschzeit von der Bergstation
der Seilbahn entfernt und hat neben dem Panorama eine gute Küche mit Produkten aus
dem eigenen Landwirtschaftsbetrieb zu bieten (www.hinterweissenstein.ch).

67 Der Roggen

Wie ein Kamel durchs Nadelöhr

Mit 994 Metern Meereshöhe ist er der höchste Berg des östlichen Teils der ersten Jurakette, seine Felswand, die Roggenflue, ein beliebtes Kletterziel. Eine für geübte Berggänger geeignete Tour führt durch das Roggenloch, einen natürlichen Tunnel in der Felswand. Das rutschige Gelände erfordert gute Ausrüstung.

Wer es komfortabler mag, fährt mit dem Auto von Oensingen bis zum Bergrestaurant Roggen. Die Strasse ist recht schmal, aber übersichtlich und mit guten Ausweichstellen ausgestattet, was wichtig ist, wenn einem der gelegentliche Linienbus entgegenkommt. Das Restaurant verfügt über eine grosszügige Terrasse, von der aus man bei schönem Wetter den Ausblick über das Gäu bis zu den Alpen geniessen kann.

Gestärkt nimmt man zu Fuss die zweite Etappe zum Gipfel des Roggen in Angriff. Der halbstündige Aufstieg führt erst über den Oberboden, von wo sich einem der Ausblick auf Balsthal und hinüber zur Felspforte des Guldentals bei St. Wolfgang mit der Burg Neu-Falkenstein (siehe Ort 8) auftut, die in früheren Zeiten den Verkehr über den Passwang und den Oberen Hauenstein kontrollierte. Kurz darauf folgt man dem Pfad durch den Wald hinauf zur Kante der Roggenflue.

Von der Felsnase aus wird man erneut mit dem Panorama belohnt, diesmal mit einem weiteren Sichtfeld. Beginnend mit der ersten Jurakette Richtung Westen mit Rötiflue und Balmfluechöpfli oberhalb von Solothurn wendet sich der Blick auf die direkt darunterliegende Klus, die sich das Flüsschen Dünnern auf dem Weg vom Thal und durch das Gäu bis zu seinem Zusammenfluss mit der Aare bei Olten bahnte. Das Industrie- und Gewerbegebiet Klus, welches die Stahlindustrie abgelöst hat, beansprucht beinahe den ganzen Talboden der Klus, den sie sich mit Bahn, Strasse und Dünnern teilt. Dann schweift der Blick nach Süden und Osten, zum Hügelzug des Born (siehe Ort 100), der wie eine Insel aus der Gäuebene ragt.

Adresse Roggen 1, 4702 Oensingen, Tel. 062/3961145 | **ÖV** Postbus 124 ab Bahnhof Oensingen Richtung Roggen | **Anfahrt** A 1, Ausfahrt Oensingen, Richtung Balsthal bis zur ersten Ausfahrt Oensingen und gleich danach links abbiegen in Klusstrasse, dann sofort wieder rechts in Bubenrainstrasse, Wegweiser folgen | **Tipp** Beim Abstieg vom Roggen kommt man am bewohnten Schloss Neu-Bechburg aus dem 13. Jahrhundert vorbei. Es ist einen Abstecher wert (www.neu-bechburg.ch).

68__Das Bahnhofbuffet

Helvetischer Kompromiss

An sich ist das Bahnhofbuffet Olten – zu Standarddeutsch: Bahnhofs-restaurant Olten – keine Sensation. Es bietet Speisen und Getränke für Durchreisende, wie es sich für ein Bahnhofbuffet gehört, und liegt zwischen den Gleisen 4 und 7 (die Gleise 5 und 6 sucht man in Olten nämlich vergebens, da sie einst einem Umbau zum Opfer fielen). Gemäss Internetbewertungen ist die Qualität solide. Warum also solches Aufsehen um ein Buffet, wie es früher in jedem grösseren Bahnhof eins gab?

Olten ist eben besonders, da eisenbahntechnisches Epizentrum der Schweiz. Und auch das Bahnhofbuffet steht deshalb nicht nur für eine Einkehrmöglichkeit, sondern für genau diesen Knotenpunkt. Wenn sich Menschen aus verschiedenen Teilen der Eidgenossen-schaft treffen wollen, so ist Olten häufig der beste Kompromiss. Aus Bern, Zürich, Basel und Luzern fährt man im Zug je knapp eine halbe Stunde, und schon sitzt man am selben Tisch.

Deshalb wird das 1856 gegründete Buffet von Firmen, Parteien, Vereinen und Organisationen gern als Treffpunkt genutzt. Unter anderem der Schweizer Alpen-Club SAC, der Schweizerische Fuss-ballverband und die «Gruppe Olten», eine ehemalige Abspaltung des Schweizerischen Schriftstellervereins, wurden hier gegründet. Auch kulinarisch gesehen wird hier die Schweiz vereint: Es gibt regionale Berühmtheiten vom Züri Gschnätzleten bis zur Tessiner Rösti ebenso wie die Klassiker Bratwurst mit Zwiebelsauce oder Ghackts mit Hörnli.

Sogar ein Schweizer Dialekt ist nach dem Buffet benannt – auch wenn es diesen etymologisch gesehen nicht gibt. Denn der Bahn-hofbuffet-Olten-Dialekt ist eine undefinierbare Mischform aus verschiedenen Dialekten, sodass man den Sprecher nicht mehr geo-grafisch verorten kann. Ein neutraler Allerweltsdialekt quasi. Und die Definition ist zwar scherzhaft, aber durchaus gebräuchlich und wird sogar von der Wissenschaft verwendet.

Adresse Bahnhof, 4600 Olten, www.buffet-olten.ch | **ÖV** mit dem Zug nach Olten |
Anfahrt A 1, Ausfahrt Rothrist, Route 2 nach Olten, parkieren am Bahnhof (Aber seien wir
ehrlich: Mit dem Auto zum Bahnhofbuffet ist doch irgendwie unlogisch, oder?) | **Tipp** An
Gleis 12 auf dem Bahnhof Olten sieht man den Kilometer-Null-Stein hinter Glas, von dem
aus man das Schweizer Eisenbahnnetz vermass.

69 Die Bildungsstadt Bifang

Die Welt lernt in Olten

Man könnte Olten als meistbereiste Stadt der Schweiz bezeichnen (siehe Ort 68). Die Kreuzung der grossen Nord-Süd- und Ost-West-Eisenbahnachsen macht die Stadt zu einem Schmelztiegel der Kulturen und Sprachen. Das trifft nicht zuletzt auch auf die Kumulation kantonaler und regionaler Bildungsstätten zu, die sich schon früh in der Dreitannenstadt ansiedelten, wie beispielsweise die Höhere Wirtschafts- und Verwaltungsschule Aargau-Solothurn, deren Lage in Olten für die Schwarzbuben und die Niederämter bahnverkehrstechnisch günstiger und leichter erreichbar ist als die Hauptstadt Solothurn.

Der Konzentrationsprozess der Bildungsstätten begann Mitte der 90er Jahre. Die Höhere Wirtschafts- und Verwaltungsschule erhielt den Fachhochschulstatus und verband sich mit den Fachhochschulen der Kantone Basel-Stadt, Basel-Landschaft und Aargau zur Fachhochschule Nordwestschweiz. Die FHNW ist heute mit neun Hochschulen an vier Standorten und fast 13.000 Studenten sowie rund 3.000 Mitarbeitern die grösste Fachhochschule der Schweiz. Im Campus Olten arbeiten, forschen und studieren 4.000 Menschen an zwei Standorten. Beide liegen fünf Gehminuten vom Bahnhof entfernt im vormals industriellen Bifangquartier, dessen Gesicht sich in den letzten 20 Jahren durch die Ansiedelung der Bildungsstätten, der Berufsschulen, höheren Fachschulen oder der FHNW, vollständig veränderte. Die Fachhochschule arbeitet mit mehreren Universitäten im Ausland zusammen und bietet zahlreiche internationale Kurse und Masterausbildungen auch für ausländische Studenten an. In unmittelbarer Nähe der Bildungsstadt befinden sich mehrere Hotels, die auf Seminar- und Kongressgäste ausgerichtet sind. Wer ein wenig von der beschwingten Internationalität des Ortes spüren möchte, findet sie beim Besuch des öffentlichen Cafés Von Roll im Lichthof des FHNW-Campusgebäudes an der Von-Roll-Strasse.

Adresse Café Von Roll im FHNW-Campus, Von-Roll-Strasse 10, 4600 Olten | ÖV
Bahnhof Olten, Südausgang Richtung «Bildungsstadt Bifang», entlang der Bahngleise
zum Campus der FHNW | Öffnungszeiten Café Von Roll: Mo–Fr 7.15–16.30 Uhr,
Sa 8–13 Uhr | Tipp Der historische, 1673 erbaute «Rathskeller» in der Oltner Altstadt,
von den Einheimischen liebevoll «Chöbu» (Kübel) genannt, ist bekannt und beliebt, unter
anderem für seine Hamburger (www.rathskeller.ch).

70 Die Holzbrücke
Wahrzeichen mit heisser Vergangenheit

Die alte Holzbrücke von Olten sticht jedem, der am westlichen Ende der Bahnhofsunterführung einen Blick über die Aare Richtung Altstadt wirft, sofort ins Auge. Die gut 75 Meter lange Brücke mit Satteldach steht auf drei Holzpfeilern zu je zehn Holzbalken und ist für Fussgänger geöffnet. Wer sie benutzt, überquert nicht einfach nur den Fluss, sondern taucht für einen Moment auch in ein nach Holz riechendes Dämmerlicht ein, als wäre die Brücke eine Zeitkapsel.

Die erste urkundliche Erwähnung des Wahrzeichens von Olten datiert von 1295, also nur vier Jahre nach der Gründung der alten Eidgenossenschaft. Das Bauwerk machte Olten schon damals zu einem wichtigen Verkehrsknotenpunkt. In den vielen Jahrhunderten ihres Bestehens musste die Brücke mehrfach ausgebessert oder sogar ganz neu gebaut werden, da Hochwasser und Kriege sie immer wieder zerstörten.

Die heutige Brücke, die zum Wahrzeichen von Olten wurde, stammt aus dem Jahr 1803. Damals stand auch ein Bauwerk aus Stein oder Gusseisen zur Diskussion, doch schliesslich entschied man sich für die «traditionelle» Variante – zum Glück für das schöne Bild, das sich nun am Rand der Altstadt bietet.

Doch Holz pflegt gut zu brennen, und ein Feuer wurde der Brücke auch im 21. Jahrhundert beinahe zum Verhängnis. Letztmals am 28. März 2018 stand sie in Flammen, bis es der Feuerwehr nach mehreren Stunden gelang, den durch den Wind immer wieder angefachten Brand zu löschen. Dieser hatte sich im verwinkelten Zwischenboden ausgebreitet, weshalb die Feuerwehr auch vom Boot auf der Aare aus löschte. Bereits einen Tag später gab die Polizei bekannt, dass als Brandursache der «fahrlässige Umgang mit Raucherwaren» festgestellt wurde. Damit das Wahrzeichen nicht eines Tages ganz von den Flammen dahingerafft wird, entschloss sich die Stadt Olten, eine moderne Sprinkleranlage in die historische Brücke einbauen zu lassen.

Adresse 4600 Olten | ÖV Zug bis Olten Bahnhof | Anfahrt A 1, Ausfahrt Rothrist,
Route 2 nach Olten, parkieren am Bahnhof | Öffnungszeiten für Fussgänger rund um
die Uhr zugänglich | Tipp Im Haus der Museen Olten sind das Naturmuseum Olten, das
Historische Museum Olten und das Archäologische Museum Kanton Solothurn unter
einem Dach versammelt (www.hausdermuseen.ch).

71 Das Restaurant Flügelrad

Die Beiz, in der es wie zu Hause ist

«Vom Flügurad us gsehn i d Wäut, vom Flügurad us gsehn i d Schine, vom Flügurad us gsehn i d Isebahne, wo vo überall här chöme u überall häre fahre, wo Chole umefüehre oder Chemietänk oder Wandergruppe oder Laschtwäge Huckepack.» So erzählt der Autor Pedro Lenz auf einer Station des Schweizer Schriftstellerwegs (siehe Ort 72). Am Flügelrad komme die Welt vorbei, sagt er weiter. Und Pedro Lenz muss es wissen, denn er wohnt nicht nur im Haus des Restaurants Flügelrad unmittelbar neben den Gleisen des Bahnhofs Olten, sondern er ist auch dessen Mitbesitzer.

Es war im Jahr 2011, als eine aussergewöhnliche Restaurantübernahme am Bahnhof Olten für Schlagzeilen sorgte: Das traditionsreiche «Flügelrad», bereits über 135 Jahre alt, erhielt neue Besitzer, und zwar gleich deren drei. Es waren zwei Schriftsteller und ein Journalist, die die ehemalige Quartierbeiz erstanden. Die neuen Besitzer, die Autoren Alex Capus und Pedro Lenz sowie der Journalist Werner De Schepper, fanden in dem Koch Martin Allemann einen idealen Pächter.

Doch bevor das Flügelrad in neuem Glanz erstrahlte, musste es umfassend renoviert werden. Entgegen einzelner Vorbehalte war von Anfang an klar, dass das «neue Flügelrad» kein Kulturlokal für Literaten und Lesungen werden, sondern eine Beiz für alle bleiben sollte: für Bähnler und Büezer (Arbeiter), Stammgäste und Zufallskunden, Bekannte und Unbekannte.

Die Mittagsmenüs im Flügelrad sind aussergewöhnlich: Es gibt nämlich jeweils immer nur eins zur Auswahl, dazu Suppe und Salat. Wie zu Hause halt, wo man auch isst, was auf den Tisch kommt, und sich zueinandersetzt. Dieses Konzept erfreut sich grosser Beliebtheit. Im Untergeschoss wurde übrigens ein alter Gewölbekeller wiederentdeckt, wie ihn alte Beizen ab und zu haben. Auch er ist wiederhergerichtet worden und mit dem längsten Eichentisch der Schweiz bestückt.

Adresse Tannwaldstrasse 36, 4600 Olten, www.flügelrad.ch | ÖV Zug bis Olten Bahnhof, Flügelrad 2 Minuten von Gleis 12 entfernt | Anfahrt A 1, Ausfahrt Rothrist, Route 2 nach Olten, parkieren am Bahnhof | Tipp Eine ganz andere Lage, nämlich eine hoch über Olten, hat das Sälischlössli, das wegen seines Weitblicks ein beliebtes Ausflugsrestaurant ist (www.saelischloessli.ch).

72 Der Schriftstellerweg
Literatur-Schnitzeljagd fürs Ohr

«Sie befinden sich jetzt, da wo Sie das hier hören, vermutlich in Olten.» So mutmasst Rhaban Straumann an einer Station des Schweizer Schriftstellerwegs westlich der Altstadt. Ziemlich sicher hat er recht, und auch wenn man all die anderen Audiostationen in und um die Altstadt und den Bahnhof hört, ist man in Olten. Der Schriftstellerweg ist nämlich nicht ein einzelner Ort, den man gesehen haben muss, sondern er besteht aus über 40 verschiedenen Stationen. Und «gesehen haben» stimmt eigentlich auch nicht, denn hier geht es um Literatur fürs Ohr.

Dass der Schweizer Schriftstellerweg sich ausgerechnet in Olten befindet, ist kein Zufall, denn hier gibt es eine auffällige Häufung von schreibenden Menschen, und die Autoren mit grossem Namen und gleichzeitigem Olten-Bezug lesen sich wie das Who's who der Schweizer Literaturszene: Peter Bichsel, Franz Hohler, Ulrich Knellwolf und Rolf Lappert sind in der Aarestadt aufgewachsen, und auch zahlreiche andere lebten und leben hier. «Woran das liegt, hat die Wissenschaft noch nicht herausgefunden. Ich vermute, die tun uns etwas ins Trinkwasser», sagt Alex Capus an einer der Hörstationen mit seinen kurzen Geschichten. Eigene Touren auf dem literarischen Stadtrundgang haben neben ihm auch Franz Hohler und Pedro Lenz. Die LiteraThek hingegen präsentiert verschiedene Kulturschaffende von Schriftstellerei bis Poetry Slam: Alte und Junge, Frauen und Männer, von A wie Alexandra von Arx bis Z wie Kilian Ziegler. Dazu kommt eine Familientour mit Geschichten und Liedern von Christian Schenker.

Zwei Begrüssungsstelen für den Anfang der Audiotouren befinden sich – wo sonst? – am Bahnhof Olten, und zwar auf der Vorder- und auf der Rückseite. Von hier aus kann man sich literarisch treiben lassen und wird die kleine Stadt mit dem grossen Verkehrsknotenpunkt in Zukunft mit anderen Augen sehen. Nicht nur vermutlich, sondern ziemlich sicher.

Olten*
Literat**ou**r,
(Stadt)

Lisa Christ
Standort 13
Martin-Disteli-Strasse

Herzlich willkommen
in der Literatourstadt
Olten.

Die Slam-Poetin
Lisa Christ flüstert
Ihnen gleich etwas.
Danach werden
Sie Olten nie mehr
unterschätzen!

olst.ch/t516

G 70
A 1
C 43
B 38
A 2
D 51
A 3
G 71
G 72
E 58
A 4
G 73
G 7
A
H 9
G 74

Adresse an verschiedenen Orten in 4600 Olten, www.olst.ch | **ÖV** Zug bis Olten Bahnhof |
Anfahrt A 1, Ausfahrt Rothrist, Route 2 nach Olten, parkieren am Bahnhof | **Tipp** Am
Amtshausquai befindet sich der Zielemp, ein Schlosskomplex und einstiger Sitz der Stadt-
vögte. Ein sehenswertes trutziges Gebäude.

73 Das Attisholz-Areal
Kinderspielplatz inmitten von Industrieruinen

Am Anfang war ein seit dem 15. Jahrhundert existierender Bade-
betrieb mit kalter Mineralquelle. 1881 wurde das Bad Attisholz von
der Cellulose Attisholz AG übernommen, der ersten Fabrik für die
Herstellung von Zellulose in der Schweiz. Zum Attisholz-Konzern
gehörten die Papierfabrik Tela sowie das deutsche Unternehmen
Hakle. 1999 wurde er an Kimberly-Clark verkauft; ab 2002 gehörte
er zum Borregaard-Konzern, der den Betrieb in Attisholz sechs Jahre
später einstellte.

Das Attisholz-Areal besteht aus zwei durch die Aare getrennten
Teilarealen. Auf dem Nordareal ist ein sogenanntes Generationen-
projekt im Gange. Dessen Ziel ist es, bis ins Jahr 2045 in Zusammenarbeit mit Kanton, Gemeinde und Privatleuten schrittweise ein
neues Gebiet für Wohnen, Arbeit, Gewerbe und Freizeit zu realisieren. Das Attisholz-Areal soll die industrielle Vergangenheit mit der
Gegenwart und der Zukunft verbinden. Zu diesem Zweck wurden
unter anderem der Kamin und der Säureturm als Wahrzeichen von
Attisholz unter Schutz gestellt.

Während Teile des Geländes seit der Schliessung gewerblich zwi-
schen- oder neu genutzt werden, gestaltete man das Areal 2018 für
die Öffentlichkeit um und teileröffnete es. Der «Boulevard», eine
zwischen hohen Fabrikmauern verlaufende Durchgangsstrasse mit
Restaurants, Bars und Eventlokalen, führt zur Attisholz-Arena, die
genug Platz für Konzerte und andere Grossanlässe bietet. Am westlichen Ende weckt ein Spielplatz inmitten zerfallender Fabrikgebäude den kindlichen Abenteuergeist. 2019 wurde der Uferpark am
zu Luterbach gehörenden südlichen Flussufer der Aare eröffnet, ein
Freizeitgelände mit Badestrand und Picknickmöglichkeiten. Angegliedert ist das Restaurant «1881» in einem Kantinenbau aus der
Gründerzeit. Beide Teilareale verbindet eine Fussgängerbrücke. Das
Attisholz-Areal wächst zusehends in seine Rolle als kultureller und
gesellschaftlicher Treffpunkt ausserhalb der Tore Solothurns hinein.

Adresse Attisholzstrasse 10, 4533 Riedholz, www.attisholz-areal.ch | ÖV Buslinie vom Bahnhof Solothurn nach Attisholz-Süd ab 2020 in Betrieb | Anfahrt von Solothurn auf der Hauptstrasse Richtung Basel, in Riedholz beim Bahnübergang vor Bahnstation Riedholz rechts abbiegen, Parkmöglichkeiten in Attisholz-Nord und Attisholz-Süd | Tipp Für Liebhaber der gehobenen Küche ist das traditionsreiche Restaurant Attisholz im ehemaligen Bad Attisholz zu empfehlen (www.attisholz.ch).

74 Die Tram-Endstation

Rekordbahn durch drei Kantone und zwei Länder

Wer mit dem BLT-Tram Nummer 10 von Rodersdorf (Kanton Solothurn) nach Dornach (ebenfalls Kanton Solothurn) fahren möchte, durchquert auf der Fahrt ein anderes Land und zwei andere Kantone. Also Frankreich, Baselland, Basel-Stadt und nochmals Baselland. Die Fahrt ist gut 25 Kilometer lang und dauert etwas mehr als eine Stunde.

Die Tramlinie 10 ist die längste internationale Tramlinie in ganz Europa und umfasst insgesamt 40 Haltestellen. Gleich hinter Rodersdorf, dessen naturnah gestalteter Garten auch einen längeren Blick wert ist, verlässt die Strassenbahn die Solothurner Enklave und fährt sogar ein paar Kilometer durchs französische Département Haut-Rhin. Rechter Hand ist auf dem lang gezogenen Landskronberg die Ruine Landskron zu sehen, von der aus man ein riesiges Gebiet überblicken kann und die in ihrer langen Geschichte sogar einmal ein Ableger der Pariser Bastille war.

Entstanden ist die rekordverdächtige Tramlinie mit ihren gelben Triebwagen aus zwei verschiedenen Bahnen: der Birseck-Bahn (BEB), die 1902 gebaut wurde, und der Birsigthalbahn (BTB), die bereits seit dem Jahr 1887 die Stadt Basel mit dem Birsigtal verband. Mehrmals standen die kleinen Privatbahnen wegen Finanzmangels kurz vor dem Aus, und es drohte die Umstellung auf Busbetrieb. Doch 1974 fusionierten verschiedene Vorortsbahn-Gesellschaften zur Baselland Transport AG (BLT), welche die Tramlinie auch heute noch betreibt. Mitte der 1980er Jahre verbanden sich die beiden zuvor unabhängigen Bahnen zur Rekord-Tramlinie.

Wer von Beginn an bis zur Endstation des Trams im 10er sitzen bleibt, erlebt heute eine Fahrt sowohl über weite Felder als auch durch Basels Innenstadt, durch Industrie- und Wohnquartiere – und kommt am Schluss nicht nur wieder im gleichen Kanton, sondern sogar im selben Bezirk an, denn sowohl Rodersdorf als auch Dornach gehören zum Dorneck.

Adresse Tramstrecke zwischen 4118 Rodersdorf und 4143 Dornach mit Halt in
Leymen F, Flüh, Bättwil, Witterswil, Ettingen, Therwil, Oberwil, Bottmingen, Binningen,
Basel, Münchenstein und Arlesheim, www.tnw.ch/freizeit/erlebnislinie-10 | ÖV Tram 10 –
what else!? | Öffnungszeiten täglich zwischen 5 Uhr morgens und 2 Uhr nachts (je nach
Wochentag), Fahrplan siehe www.blt.ch | Tipp Ein Spaziergang auf die Landskron lohnt
sich allemal. Einfach in Flüh aussteigen, zur Ruine jenseits der Landesgrenze wandern und
die Tramfahrt später fortsetzen.

75 Das Strohdachhaus

Der gesetzlose letzte Mohikaner

Bevor man für Dächer flächendeckend Ziegel verwendete, gab es hierzulande fast ausschliesslich Strohdachhäuser. Beinahe jedes Bauernhaus war mit Stroh bedeckt. Nicht zuletzt deswegen brannten in früheren Zeiten oftmals nicht nur einzelne Häuser, sondern gleich ganze Dörfer ab, weil es überall offene Feuer gab und die Sorgfalt damit nicht immer gross war.

Darum verbot die Solothurner Regierung aus Sicherheitsgründen erstmals im Jahr 1673 sämtliche Strohdächer und wiederholte das Verbot immer wieder, da es offenbar nicht ganz ausnahmslos befolgt wurde.

Ein gutes – und sehr sehenswertes – Beispiel für dieses «gesetzesbrecherische Handeln» ist das Strohdachhaus von Rohr. Es wurde nämlich über 100 Jahre nach dem Verbot überhaupt erst erbaut: Dendrochronologische Jahresring-Untersuchungen an Balken ergaben, dass es 1787 entstanden ist. Das genaue Alter des Hochstudhauses war übrigens lange unbekannt. Erst 2016 liess die Schweizerische Bauernhausforschung genau analysieren, wie alt es ist – und es überraschte mit seiner Jugend sogar die Fachwelt.

Ursprünglich diente es als sogenanntes Taunerhaus – das heisst, es gehörte eher ärmlichen Kleinbauern, die nur wenige Tiere besassen und etwas ausserhalb des Dorfs wohnten. Seine Grundmauern sind aus Stein, der erste Stock wurde aus Holz daraufgebaut.

Heute steht der «letzte Mohikaner» mit dem Strohhut immer noch am oberen Dorfrand des 95-Seelen-Dorfs Rohr und ist das einzige übrig gebliebene Strohdachhaus des Kantons überhaupt. Selbstredend steht es unter Denkmalschutz. Nach mehreren Jahrzehnten des Leerstands wurde es in den 1960er Jahren saniert. Unter anderem wurde das Dach mit handgedroschenem Stroh aus Holland neu gedeckt, später ersetzte man dieses durch langlebiges Schilf vom Neusiedlersee in Österreich. Heute ist es bewohnt – und innen ein modernes Haus wie andere auch.

Adresse Meiermattweg 17, 4655 Rohr bei Olten | **ÖV** Bus 518 ab Lostorf Mitte bis Halte-stelle Rohr bei Olten | **Anfahrt** A1, Ausfahrt Rothrist, Richtung Schafmatt | **Tipp** Auf der Schafmatt zwischen Rohr und Oltingen befindet sich eine Sternwarte, von der aus man jeweils am Freitagabend einen Blick ins All wagen kann (www.sternwarte-schafmatt.ch).

76 Der Franzoseneinschlag
Die letzten Tage der Alten Welt

Der 2. März 1798, als das revolutionäre Frankreich sich vornahm, auf die alte Ordnung der Adelsherrschaft einzuschlagen, war ein schwarzer Tag in der Geschichte Solothurns.

1797 hatte die alte Eidgenossenschaft einem expansiv-aggressiven Frankreich nichts entgegenzustellen. Nach etlichen gegenseitigen Provokationen setzten sich im Februar 1798 französische Truppen gegen die Schweiz in Marsch. Als Vorwand diente die Weigerung der Republik Bern, eine Reformpolitik zuzulassen. In Wahrheit dürfte der Waffengang ein Raubzug gegen den gut gefüllten Berner Staatssäckel gewesen sein, mit dem Frankreich die Löcher in seiner Kriegskasse stopfen wollte.

Die Kampagne gegen Solothurn begann am 1. März. Die Berner Truppen verstärkten die dünnen Verteidigungslinien der Solothurner Milizen entlang des Leberbergs. Jedoch vermochten sie der Angriffswelle des gut organisierten Franzosenheeres nicht standzuhalten, die von Westen aus Biel und von Norden über den Jura über sie hereinbrach. Die von ihren Offizieren nachlässig geführten und untereinander schlecht koordinierten Einheiten mussten sich entweder unter Verlusten zurückziehen oder traten kampflos den Rückzug nach Solothurn an.

Inwiefern der «Franzose-Ischlag» bei den Gefechten in diesen schicksalhaften Tagen eine Rolle spielte, ist unklar. Die Legende suggeriert Kämpfe auf dem Waldhügel im Tal des Verenabaches an der Pforte zur Einsiedelei und dass es Verluste gegeben haben muss. Die Sage «Im Franzoseyschlag» erzählt von vergessenen Soldatengräbern und davon, dass der Ort deshalb lange als unheimlich galt. Gräber wurden dort allerdings nie entdeckt. Skelettfunde im Thal bei Welschenrohr ordnete man französischen Soldaten zu. Der 2. März beendete die Macht des alten Adels in Solothurn. Bern kapitulierte am 5. März. Der erste Schritt auf dem langen Weg zum modernen schweizerischen Bundesstaat war getan.

Adresse Koordinaten: 2 602'792.500, 1 231'710.875, 4522 Rüttenen | **ÖV** Bus 4 ab Solothurn Hauptbahnhof Kante C bis Haltestelle Rüttenen Brüggmoos | **Anfahrt** A 1, Ausfahrt Solothurn-Ost, Richtung Solothurn-Zentrum bis Bahnhof, dort Richtung Biel bis Ampelkreuzung, dann Richtung Rüttenen, am Dorfeingang Richtung Einsiedelei, Parkplatz beim Eingang der Einsiedelei in Rüttenen | **Tipp** Wo's auch ruppig zu- und hergeht: In Balm bei Günsberg befindet sich eine der anspruchsvollsten Motocross-Strecken der Schweiz (Koordinaten: 2 608'725, 1 232'855).

77 Das Bally-Museum

Erstbesteiger des Mount Everest

Den Grundstein für die Marke «Bally» legte Franz Ulrich Bally, ein gebürtiger Vorarlberger, der 1778 als Maurer nach Schönenwerd gekommen war. Nachdem er seine Arbeiten fertiggestellt hatte, überredete ihn sein Auftraggeber, der Bandfabrikant Johann Rudolf Meyer, in seine Firma einzutreten. Nach Ballys Tod übernahmen seine Söhne die «F.U. Bally AG» mit ihrem internationalen Vertrieb von Band- und Mercerieprodukten, Hosenträgern und Seidenbändern.

1851 gründete Carl Franz Bally, ein Enkel Franz Ulrichs, die «C.F. Bally Elastique- und Schuhfabrik» Schönenwerd, welche 1860 bereits 500 Mitarbeiter zählte. Beim Tod des Firmengründers 1899 betrug die Jahresproduktion zwei Millionen Paar Schuhe, die in Europa sowie Nord- und Südamerika verkauft wurden. Die Firma überstand die Weltwirtschaftskrise und spezialisierte sich im Zweiten Weltkrieg auf Militär- und Sportschuhe. Zusammen mit seinem Träger Sherpa Tenzing Norgay war ein Bally-Schuh 1953 als Erster auf dem Mount Everest.

In den Nachkriegsjahren setzte sich die Expansion fort. Bally wurde zum Marktführer und, analog Swissair, zu einer Identifikationsmarke der Schweiz. Nach mehreren Besitzerwechseln und dem Umzug der Schuhfabriken 1999 nach Caslano im Tessin ist Bally seit mehr als zehn Jahren im Besitz der JAB Holding. Die Frau und der Mann von heute, die das Besondere suchen, finden dort nebst Bally-Schuhen auch modische Bekleidung und Accessoires dieser Marke.

Das Bally-Schuhmuseum besteht seit 1942 im «Haus zum Felsgarten», dem ehemaligen Wohnhaus der Familie Bally in Schönenwerd. Es verfügt über eine der grössten Schuhsammlungen der Welt und zeigt die Geschichte der Fussbekleidung von der Antike bis zur Gegenwart, ergänzt mit Dokumenten und Werkzeugen der Schuhmacherei, einer Sammlung antiker Gegenstände sowie Gefässen, Dosen und Nippes aus Porzellan, Fayence und Edelmetallen vom Barock bis zur Neuzeit.

Adresse Haus zum Felsgarten, Oltnerstrasse 6, 5012 Schönenwerd, Tel. 062/8499945 oder
Tel. 091/6129111, E-Mail shoemuseum@bally.ch | ÖV Regio-Züge ab Olten oder Aarau
bis Schönenwerd, Schuhmuseum 2 Gehminuten nördlich vom Bahnhof | Öffnungszeiten
auf Anfrage, öffentliche Führungen für Einzelpersonen jeweils am letzten Sa im Monat um
14 Uhr (ausser Juli und Dez.) | Tipp Mehr Informationen zur Firmen- und Schuhdynastie
Bally gefällig? Die Stiftung BALLYANA in Schönenwerd ist ein öffentlich zugängliches
Archiv der Familien- und Firmengeschichte der Industriepioniere Bally (www.ballyana.ch).

78 Die Britannic-Orgel

Vom Ozeanriesen ins Schwarzbubenland – inkognito

Sie nur anzusehen ist schon beeindruckend: Die Britannic-Orgel im Musikautomatenmuseum bedeckt nämlich eine ganze Wand. Und auch wenn man beim Wort «Musikautomaten» eher an diese kleinen Dinger mit Kurbel denkt als an ein raumfüllendes Instrument, so ist die Orgel eines von ihnen – und gehört zu den spektakulärsten Stücken der Sammlung, die am Dorfrand Seewens in einem modernen, vom Bund geführten Museum zu bestaunen ist. Allein die Geschichte der riesigen Welte-Philharmonie-Orgel aus dem Schwarzwald, von denen es weltweit nur noch etwa fünf funktionstüchtige Exemplare gibt, ist beinahe filmreif. Ursprünglich war ihre Bestimmung nämlich, reiche Reisende auf dem Meer zu unterhalten – genauer auf der «Britannic», die keine Geringere war als das Schwesterschiff der «Titanic». Doch noch vor ihrer Inverkehrssetzung brach der Erste Weltkrieg aus, die Orgel wurde wieder ausgebaut, und die «Britannic» sank 1916 in der Ägäis. Nicht als nobler Ozeandampfer, sondern als Lazarettschiff und ohne die für sie bestimmte riesige Orgel.

Die wahre Identität des Instruments, das schon länger in Seewen war, wurde erst im Jahr 2007 anhand verborgener Einstanzungen entdeckt, und so kam die Britannic-Orgel nach fast 100 Jahren des Verschollenseins wieder zum Vorschein – fernab des Meeres, auf über 600 Metern über dem Meer.

Dass die Musikautomaten überhaupt im Schwarzbubenland eine Heimat fanden, ist der guten Luft des Juras zu verdanken. Denn hierher zog sich Dr. h. c. Heinrich Weiss gemeinsam mit seiner Frau zurück, wenn ihnen die Luft in der Stadt Basel, wo sie eine Druckerei besassen, buchstäblich zu dick zum Atmen wurde. Weiss sammelte zeit seines Lebens Musikautomaten. Diese facettenreichen Kunstwerke, eine Mischung aus Präzisionstechnik und lebensfroher Musik vergangener Jahrhunderte, faszinierten ihn. Und die Britannic-Orgel ist das Herzstück seiner Sammlung.

Adresse Museum für Musikautomaten, Bollhübel 1, 4206 Seewen, www.musikautomaten.ch |
ÖV Bus 111 ab Liestal BL bis Haltestelle Seewen Zelgli | Anfahrt A2, Ausfahrt Sissach BL,
über Liestal und Büren nach Seewen, Wegweisern folgen | Öffnungszeiten Di–So 11–18 Uhr |
Tipp Im Nachbarort Nunningen findet sich ein kleines Velomuseum, das nach Vereinbarung
zu besichtigen ist (www.musesol.ch, Suchbegriff: Velo).

79__Der ungeklärte Mord

Ein Verbrechen brennt sich ein

Seewen: ein beschauliches Dorf im Bezirk Dorneck. Kaum jemand in der Schweiz kannte es – bis ins Jahr 1976, als ein schreckliches Verbrechen seinen Namen in die Schlagzeilen katapultierte: Seewen wurde Schauplatz eines Fünffachmordes. Es war am 5. Juni, am Pfingstsamstag, als in einem Wochenendhaus namens «Waldeggli» etwas ausserhalb der Gemeinde fünf Menschen getötet wurden. Der Hausbesitzer, dessen Frau, seine Schwester sowie deren zwei Söhne. Allen war aus kurzer Distanz in Stirn und Brust geschossen worden.

Der Fall sorgte schweizweit für Aufruhr, vor allem auch, weil er so mysteriös war: Es gab keine Tatwaffe, keinen Täter, kein Motiv, keine Verdächtigen. Nichts. Und so blieb es. 13 Schüsse waren aus einer Winchester abgegeben worden, doch von dem Gewehr fehlte jede Spur. Auch der Einsatz von zeitweise circa 40 Beamten, die Befragung von fast 10.000 Personen und ein jahrelanger, nie dagewesener Ermittlungsaufwand brachten keinen Durchbruch.

Über 20 Jahre zogen ins Land, bis 2006 Handwerker in einer Oltner Wohnung zufällig auf einen versteckten Hohlraum stiessen, in dem ein Pass und Briefe versteckt waren. Und auf eine Waffe, die sich als die Tatwaffe von Seewen erwies. Deren Besitzer hiess Carl Doser und war damals zweimal von der Polizei ergebnislos vernommen worden. Seine Spur verlor sich in Kanada, bis heute, weshalb der Fünffachmord von Seewen das grösste ungelöste Verbrechen der Schweizer Kriminalgeschichte geblieben ist. Auch über 40 Jahre später gibt es immer wieder neue Spekulationen. Die Tat wird wohl auf ewig untrennbar mit dem Namen des idyllischen Dorfs im Schwarzbubenland verbunden bleiben.

Ausser in den Köpfen gibt es allerdings keine Spuren mehr von dem Verbrechen. Das «Waldeggli» ist bereits fünf Tage nach der Tat abtransportiert und zwecks Spurensicherung in seine Einzelteile zerlegt worden.

Adresse 4206 Seewen | ÖV Bus 111 ab Liestal BL bis Haltestelle Seewen Herrenmatt |
Anfahrt A1, Ausfahrt Oensingen, Route 12 bis Oberdorf BL, dann links via Reigoldswil und
Bretzwil | Tipp Seewen trägt seinen Namen, weil es im Mittelalter dort einmal einen grossen
See gab. Heute führt ein Wanderweg durch die für Juraverhältnisse sehr untypische Ebene.

80_Die Storchensiedlung
Klappern für die Wiederansiedlung

Wer in der Schweiz an Weissstörche denkt, kommt um Altreu nicht herum. Denn das zur Gemeinde Selzach gehörende Dorf war der Ursprung der erfolgreichen Wiederansiedlung der schwarz-weissen Stelzvögel, welche in der Mitte des 20. Jahrhunderts in der Schweiz ausgestorben waren.

Die Gründe für ihr Verschwinden sind bis heute nicht geklärt. Klar hingegen ist, dass der Solothurner Turnlehrer Max Bloesch Pionierarbeit leistete, indem er ab 1948 mit dem Aufbau der Storchensiedlung Altreu begann. Damit nahm die Wiederansiedlung ihren Lauf. Zuerst holte Bloesch Störche aus dem Elsass und aus der damaligen Tschechoslowakei, später kamen auch zahlreiche Jungstörche aus Algerien dazu, um beim Aufbau des neuen Bestands zu helfen. Die Tiere wurden als «Projektstörche» in grossen Volieren gehalten und deren Junge nach dem Erlangen der Geschlechtsreife freigelassen. Dank des unermüdlichen Einsatzes des «Storchenvaters» Bloesch liessen sich auf diese Weise sowohl in Altreu als auch rund um die verschiedenen Aussenstationen zwischen Genfersee und Bodensee allmählich wieder Störche nieder. Mittlerweile sind es über 500 Brutpaare, die die Schweiz besiedeln. Das Experiment von Max Bloesch, der 1983 für sein Engagement den Ehrendoktor der Uni Bern erhielt, ist geglückt.

Heute werden die Störche nicht mehr gefangen gehalten, sondern leben wie alle anderen einheimischen Vögel frei und wild. Zwischen Februar und August kann man in Altreu mehr als 30 Storchenpaaren bei der Aufzucht ihrer Jungen zusehen. 2008 wurde das Dorf übrigens als europäisches Storchendorf ausgezeichnet.

Heute ist Altreu ein Teil der Kantonalen Landwirtschafts- und Schutzzone Witi (siehe Ort 81), und am Dorfrand findet man das Infozentrum Witi. Dort gibt es eine Dauerausstellung zum Thema Storch, wechselnde Sonderausstellungen und einen Weiher, wo man Kleinstlebewesen selbst entdecken kann.

Adresse Infozentrum Witi Altreu, 2545 Selzach, www.infowiti.ch | ÖV Bus 32 ab Bahnhof Selzach bis Haltestelle Altreu Infozentrum Witi oder per Schiff | Anfahrt A 5, Ausfahrt Solothurn-West, weiter nach Selzach, dann links abbiegen, nur wenige Parkplätze vorhanden | Öffnungszeiten Infozentrum: 15. April – 15. Okt. täglich 9 – 18 Uhr | Tipp Das Restaurant «Zum grüene Aff» mit seiner grossen, schattigen Terrasse kann man schon fast als regionale Institution bezeichnen (www.zumgrueneaff.com).

81 Die Witi

Feldhasen ziehen vor den Europarat

Nach seinem Rückzug vor etwa 12.000 Jahren soll der Rhonegletscher im Mittelland ein ungefähr 100 Kilometer langes, als «Solo-
thurnersee» bezeichnetes Gewässer hinterlassen haben, dessen
tatsächliche Existenz allerdings umstritten ist. Die heutigen Seen
Bieler-, Murten- und Neuenburgersee könnten Überreste dieser
urzeitlichen Wasserfläche sein.

Auf dem ehemaligen Seegrund zwischen Solothurn und Grenchen entstand die «Witi» (Weite), eine rund 30 Quadratkilometer
grosse Ebene, durch welche die Aare mäanderte. Die Fluss-, Auen-
und Sumpflandschaft liess nur eine bescheidene Landwirtschafts-
tätigkeit und eine dürftige Besiedlung zu, beispielsweise Altreu bei
Selzach oder Staad bei Grenchen.

Die Juragewässerkorrektionen im 19. und 20. Jahrhundert zähmten
die Naturgewalt der Aare. Ein 700 Kilometer langes Netz von Ent-
wässerungsleitungen verwandelte die Sumpflandschaft in Kulturland,
was eine intensive Landwirtschaft, Siedlungsausbau und die Errich-
tung von Strassen und Eisenbahnlinien ermöglichte. Die menschliche
Nutzung, vor allem der projektierte Bau der Autobahn A 5, drohte den
natürlichen Lebensraum insbesondere der Feldhasenpopulation in der
Witi zu zerstören. Der Streit ging so weit, dass die Naturschutzver-
bände 1986 damit vor den Europarat zogen. Auf dessen Druck hin
erliessen Bund und Kanton Auflagen beziehungsweise wiesen eine
Witischutzzone aus, was zum Bau des 1,7 Kilometer langen Witi-
tunnels bei Grenchen führte. Ebenfalls im Interesse des Witischut-
zes lehnte die Solothurner Regierung in späteren Jahren die geplante
Pistenverlängerung des Regionalflughafens Grenchen ab.

Die Witi ist beispielhaft für das Zusammengehen von wirtschaftlicher und freizeitlicher Nutzung sowie dem Erhalt natürlicher
Lebensräume. Nebst einer bedeutenden Storchenpopulation (siehe
Ort 80) und Zugvogelarten weist sie die grösste Dichte an Feldhasen
in der Schweiz aus.

Adresse Infozentrum Witi Altreu, 2545 Selzach, www.infowiti.ch | ÖV Bus 32 ab Bahnhof Selzach bis Haltestelle Altreu Infozentrum Witi oder per Schiff | Anfahrt A 5, Ausfahrt Solothurn-West, weiter nach Selzach, dann links abbiegen, nur wenige Parkplätze vorhanden | Öffnungszeiten Infozentrum: 15. April–15. Okt. täglich 9–18 Uhr | Tipp Das künstlich aufgeschüttete Aareinseli bei Altreu ist ein Paradies für Wasservögel (Koordinaten: 2 601'333, 1 226'532).

82__Die 11i-Uhr

Solothurns heilige Zahl, ein Mythos im Alltag

Täglich um elf, zwölf, 17 und 18 Uhr spielt das Glockenspiel der 11i-Uhr mit dem Elf-Stunden-Zifferblatt an der Seitenfassade der UBS am Amthausplatz die Melodie des Solothurnerliedes. Es verkörpert die enge Verknüpfung der Stadt Solothurn mit einer Zahl, wie es sie in keiner zweiten Schweizer Stadt gibt. Wer dem Ursprung dieser Symbiose nachgeht, verliert sich in den nebulösen Hintergründen der Geschichte. Einige schreiben sie der legendären, im 4. Jahrhundert in Solothurn stationierten Thebäischen Legion 11 zu. Historiker bezweifeln deren Existenz und verweisen sie ins Reich christlicher Mythen.

Tatsache ist, dass die Zahl Elf im Lauf der Jahrhunderte für die Stadt lebensbestimmend war. Im Mittelalter ernannten elf Zünfte unter sich die elf Alträte der Stadt. Solothurn ist der elfte Stand im Bund der Eidgenossenschaft. Die Zahl Elf begegnet dem Besucher auf Schritt und Tritt, angefangen beim Wahrzeichen der Stadt, der St.-Ursen-Kathedrale, deren Turm sechs mal elf Meter hoch ist. Die Höhe der Hauptfassade misst drei mal elf Meter. Zu ihrem Portal führen drei Treppenfluchten zu je elf Stufen. Elf Glocken rufen die Gläubigen zum Gebet, das sie vor elf Altären verrichten können. Diese hat man gleichzeitig im Blick, wenn man im Mittelgang des Kirchenschiffes auf dem elften schwarzen Stein steht. Ein ausgiebiger Stadtbummel führt an elf Kirchen und Kapellen sowie an elf Brunnen vorbei.

In der Moderne ist die Zahl Elf gegenwärtig geblieben. So auch in der Schweizer Armee, wo sich das traditionsreiche Solothurner Infanterieregiment 11 nach einer Armeereform zum heutigen Infanteriebataillon 11 umgruppierte. Seit dem 11.11.2000 vertreibt die Solothurner Brauerei «Öufi» (einheimisch für «Elf») das Bier mit dem Slogan der «Kraft des positiven Trinkens». Lediglich das Solothurnerlied bildet eine Ausnahme der Regel: Es weist nicht elf Strophen auf, sondern nur deren acht.

Adresse Seitenfassade UBS, Amthausplatz 1, 4500 Solothurn | ÖV Bus 1, 4, 5, 6, 7 ab Hauptbahnhofplatz Kante C bis Haltestelle Amthausplatz | Anfahrt A 5, Ausfahrt Solothurn-Ost oder Solothurn-West, Richtung Solothurn-Zentrum, Parkleitsystem zum Parkhaus Bieltor am Amthausplatz | Tipp Über etwas mehr als elf Exponate verfügt das Alte Zeughaus in Solothurn. Es besitzt eine der bedeutendsten Waffen- und Harnischsammlungen Europas (museum-alteszeughaus.so.ch).

83 Die Aareschifffahrt

«Chargé pour Soleure»

«Für Solothurn beladen sein», so lautet die Übersetzung des geflü-gelten Wortes im Untertitel. Sie macht allerdings nur für die fran-zösischsprachigen Landsleute in der Romandie (Westschweiz) Sinn. Lange Zeit war die Aare ein wichtiger Transportweg für landwirtschaftliche Güter, insbesondere Weine aus den stadteige-nen Rebbergen am Bieler- und Neuenburgersee, nach Solothurn. Dank des grossen Appetits der königlich französischen Ambass-adoren für ausgesuchte Speisen und Spezialitäten erlebte die Schifffahrt einen Boom. Besonders wenn die Sonne auf die Fluss-ebene niederbrannte, verspürten die im trägen Strom der Aare gen Solothurn treibenden Schiffer Durst. Dann erlagen sie der Versu-chung, vom einen oder anderen mitgeführten Weinfass zu kosten. Wenn die Reise lang und die Hitze gross war, wurde der Vor-gang in der Regel mehrmals wiederholt, was zur Folge hatte, dass die französischsprachigen Schiffer zuweilen einen beträchtlichen Rausch intus hatten, wenn sie beim Landhaus in Solothurn anleg-ten. Heute noch sind die Ausdrücke «être chargé pour Soleure» oder «être sur Soleure» in der Westschweiz Synonyme für den Zustand der Trunkenheit.

Der Warentransport über die Aare existiert nicht mehr. Statt-dessen reisen auswärtige und einheimische Touristen während der dreistündigen Fahrt auf Kursschiffen zwischen Solothurn und dem Bielersee. Die Fahrt beginnt entweder in Solothurn beim Anleger westlich der Krummturmschanze (siehe Ort 92) oder an der Schiff-ländte in Biel. Man fährt auf dem Fluss entlang der malerischen Auen- und Wiesenlandschaften der Witi (siehe Ort 81) über Altreu, Grenchen und das mittelalterliche Städtchen Büren an der Aare. Zurück zum Ausgangsort geht es bequem per Bahn oder Bus. Und wer nach einer ausgiebigen Brunch- oder Lunchschifffahrt an sei-nem Bestimmungsort ankommt, ist vielleicht – wie die Schiffer von früher – ein wenig «chargé pour Soleure».

Adresse Anleger Krummturm Solothurn, Solothurn BSG, Dreibeinskreuzstrasse, 4500 Solothurn, www.bielersee.ch | Anfahrt zu Fuss 10 Minuten ab Bahnhof Solothurn über Dornacherplatz und Vorstadt, Parkplätze im Parkhaus Berntor am Dornacherplatz | Tipp Wer noch nicht zu viel vom Wein gekostet hat, der mache einen Halt beim mittelalterlichen Städtchen Büren an der Aare (Kanton Bern) mit seiner Holzbrücke aus dem 13. Jahrhundert, die bei einem Brandanschlag 1989 komplett zerstört und wiederaufgebaut wurde (www.bueren.ch).

84__Die Alte Spitalapotheke
Ein Viertel Wein täglich

Die Gründung des Alten Spitals am Aareufer der Vorstadt zwischen Wengi- und Eisenbahnbrücke lässt sich etwa auf das Jahr 1350 datieren, als die Schwarze Pest in Europa grassierte. Im Lauf der Epochen wurde das Gebäude erweitert und schliesslich nach einem Brand zwischen 1734 und 1800 in mehreren Etappen zu einem für damalige Begriffe modernen Akutspital umgebaut. Auf Wunsch der nach Solothurn berufenen Spitalschwestern richtete man 1788 eine reich ausgestattete Apotheke ein.

1930 zog das Spital in den Neubau des Bürgerspitals im Schöngrünquartier im Süden der Stadt um. Auch die historische Spitalapotheke wechselte an den neuen Standort. Das alte Spital verwahrloste in der Folge zusehends. Anfang der 70er Jahre drohte gar der Abriss, woraufhin die Einwohnergemeinde Solothurn beschloss, es zu renovieren und nach und nach seiner heutigen Bestimmung als Kultur- und Kongresszentrum zuzuführen. Daran angegliedert sind das «Hotel an der Aare» im ehemaligen Schwesternhaus sowie ein Restaurant mit grosszügiger Gartenterrasse und einem Badesteg am Fluss.

2019 schenkten die Spitalschwestern ihre wertvolle Apotheke, die sie während 220 Jahren gehegt und gepflegt hatten, der Stadt, die sie an ihren historischen Standort im Alten Spital zurückverlegte und originalgetreu einrichtete. In Holzregalen bis an die Decke und Schubladen befinden sich unzählige Krüge, Gläser und Töpfe, in denen Pulver, Tinkturen und Salben gelagert wurden. Viele der verarbeiteten Kräuter und Blüten zogen die Schwestern in ihrem eignen Kräutergarten. Auch Pillen wurden selbst gedreht. Da diese oft zu bitter waren, verabreichten sie die Schwestern den Patienten eingewickelt in selbst gebackene Oblaten oder mit einem leckeren Sirup. In früheren Zeiten besass das Bürgerspital eigene Rebgüter am Bieler- und am Neuenburgersee. Es verteilte an seine Patienten täglich ein Viertel Rotwein. Die dafür verwendeten Zinnkannen gehören zum Ausstellungsgut.

Adresse Altes Spital Solothurn, Kultur- und Kongresszentrum, Oberer Winkel 2, 4500 Solothurn, www.altesspital.ch | ÖV Bus 1, 4, 5, 6, 7 ab Hauptbahnhofplatz Kante C bis Haltestellen Vorstadt oder Postplatz | Anfahrt 10 Minuten zu Fuss vom Hauptbahnhof über Dornacherplatz und Berntorstrasse, Parkmöglichkeit im Parkhaus Berntor | Öffnungszeiten ab Nov. 2020 für Besucher zugänglich | Tipp Diesen Spitalwein und weitere gute Tropfen gibt es im Weinkeller «Domaine de Soleure» der Bürgergemeinde Solothurn direkt gegenüber dem Alten Spital (www.domaine-de-soleure.ch).

85 Das «Bipperlisi»

Gehasste und geliebte Bahn

«Bipperlisi» heisst im Volksmund die Bahn, die seit 1918 die Meter-spur-Linie zwischen Solothurn, Oensingen und Langenthal befährt. Der Kosename leitet sich von der ursprünglichen «Solothurn-Niederbipp-Bahn» (SNB) ab, welche die Teilstrecke zwischen Solo-thurn und dem bernischen Niederbipp bediente.

Die Streckenführung als Strassenbahn zwischen den Bahnhö-fen Solothurn Hauptbahnhof und St. Kathrinen bei Feldbrunnen sowie die zahlreichen Kreuzungen mit dem Strassenverkehr wurden mit der aufkommenden Motorisierung oft als Ärgernis empfunden. Die Solothurner stiessen den Namen «Bipperlisi» nicht selten mit einem frustrierten Seufzer aus. Die Langsamkeit der schwerfälligen Kompositionen, die sich ohrenbetäubend quietschend in die engen Kurven beim Bahnhof und beim Baseltor legten, machte die Bahn regelmässig zu einem beliebten Sujet bei den Schnitzelbänklern an der Solothurner Fasnacht.

1999 fusionierte die SNB mit weiteren regionalen Verkehrsbe-trieben zur «Aare Seeland mobil AG», einem regionalen ÖV-Netz für Solothurn, den Jurasüdfuss, den Oberaargau und das Seeland.

Das «Bipperlisi» sorgte immer wieder für Misstöne. Regelmässig erklangen Rufe, das schwerfällige «mobile Verkehrshindernis» still-zulegen, zuletzt im Vorfeld des Neubaus der Rötibrücke zwischen 2005 und 2009. Die Solothurner konnten sich nicht dazu entschlies-sen, ihr «Bipperlisi», das allen Verwünschungen und Fusionen trotzte und dessen Name so geläufig ist, dass er sogar in amtlichen Ver-lautbarungen erscheint, in den Ruhestand zu versetzen. Wachsendes Umweltbewusstsein liess die Stimmen nach einer Verlagerung von der Schiene auf die Strasse verstummen. Das «Bipperlisi» erlebte eine neue Blütezeit einschliesslich Verjüngungskur. Die stillgelegte Strecke von Niederbipp nach Oensingen wurde neu gebaut. Heute rollen moderne Niederflurzüge durch die Stadt und das grüne Hin-terland am Jurasüdfuss.

Adresse Aare Seeland mobil AG, Grubenstrasse 12, 4900 Langenthal, www.asmobil.ch | ÖV per Bahn bis Schnellzughalt Solothurn, Abfahrt «Bipperlisi» auf dem Hauptbahnhofplatz | Anfahrt Parkplätze beim Bahnhof Solothurn und im Parkhaus Berntor | Öffnungszeiten Fahrpläne und Infos siehe Webseite | Tipp Das Solothurner Rathaus (Sitz von Kantons-regierung und -parlament) entstand aus einem mittelalterlichen Wohnhaus, das im Laufe der Jahrhunderte unzählige Male erweitert wurde. Sein markantestes Merkmal ist der Treppenturm vom Ende des 15. Jahrhunderts (www.so.ch/allgemeine-informationen/rathaus-solothurn).

86 Der «Füdlistein»

... und die Geschichte des Solothurner Marmors

Solothurn – die steinreiche Stadt. Das ist im wahrsten Sinne des Wortes zutreffend. Wer vom südlichen Aareufer zur Solothurner «Skyline» hinüberschaut, dem sticht am ehesten die aus weissem Kalkstein gebaute St.-Ursen-Kathedrale ins Auge, die der Stadt zusammen mit anderen damit errichteten Gebäuden und Mauern einen Hauch italienischer Grandezza vermischt mit französischer Eleganz verleiht. Schon zu Zeiten der Römer war der weisse Jurakalkstein ein beliebter Baustoff. Der wegen seiner Dichte auch als «Solothurner Marmor» bezeichnete Stein wurde in den Steinbrüchen im Norden der Stadt abgebaut. Ausser für die Kathedrale wurde er für die Prachtbauten entlang der Hauptgasse wie das Hotel La Couronne und die Jesuitenkirche verwendet. Auch das Landhaus sowie die Mauern des Landhaus- und Kreuzackerquais wurden mit «Solothurner Marmor» gebaut, ebenso die heute noch erhaltenen Schanzen und Wehrtürme der St.-Ursen-Bastion und des Burriturms. Vor den Bauernhöfen und Dorfplätzen auf dem Land stehen noch heute jahrhundertealte Brunnentröge aus Solothurner Stein.

Der Steinreichtum und seine Geschichte erklären die Existenz des einzigen Steinmuseums der Schweiz, welches auch den Solothurner Megalithweg (siehe Ort 24) ins Leben rief. Es zeigt Exponate seit der Römerzeit, etwa einen Altarstein der Göttin Epona, Tempelinschriften und Sarkophage römischer Notabeln. Unbedingt erwähnenswert ist der «Füdlistein», ein Paar in Solothurner Marmor gehauene Hinter- oder in Solothurner Mundart eben «Füdli»-backen, die bis zu dessen Abriss 1877 am Berntor prangten. Mit dem symbolisch entgegengestreckten nackten Hintern zeigten die Solothurner ihren oft als überheblich empfundenen Berner Miteidgenossen den Grad ihrer Wertschätzung. Der «Füdlistein» steht nicht im Innern des Museums, sondern befindet sich mit anderen Exponaten im Eingangshof des Schulhauses Kollegium an der Goldgasse.

Adresse Steinmuseum Solothurn, Hauptgasse 60, 4500 Solothurn (rechts neben dem Eingang der Jesuitenkirche), www.steinmuseum.ch | Anfahrt 10 Minuten zu Fuss ab Bahnhof Solothurn, Parkplätze im Parkhaus Baseltor | Öffnungszeiten Mai–Okt. Di–Sa 14–17 Uhr, So 10–17 Uhr | Tipp In der Jesuitenkirche, deren Fassade kein Geringerer als König Ludwig XIV. sponserte, sollte man sich den Hochaltar und die prachtvolle Orgelempore ansehen.

87_Die Genossenschaft Kreuz

Vom «linken Nest» zum Kulturbetrieb

Die 1973 gegründete «Genossenschaft Kreuz» ist die älteste «Beizengenossenschaft» der Schweiz. Nach einer Abspaltung 1976 kam es zur heutigen «Genossenschaft Baseltor», welche die Gaststätten «Baseltor», «La Couronne» (siehe Ort 88), «Salzhaus» und «Solheure» betreibt. Die «Genossenschaft Kreuz» betreibt das gleichnamige Hotel und Restaurant sowie die «Cafébar Landhaus» am Landhausquai.

Das Gebäude, in dem sich Hotel und Restaurant befinden, wurde seit dem 16. Jahrhundert als Gasthof «Weisses Kreuz» geführt und liegt direkt gegenüber dem Landhaus. Bevor die Genossenschaft es übernahm, galt es als «schmuddelige Hafenbeiz». Das holzverkleidete Intérieur und das Mobiliar vermitteln die Atmosphäre der typischen von Arbeitern und Intellektuellen frequentierten Solothurner Beiz (Kneipe). Damit hebt es sich sympathisch von den hippen Sternerestaurants der Stadt ab.

Nach seiner Gründung mutierte das «Kreuz» rasch zum Treffpunkt der Jugend und der linksalternativen Szene Solothurns. Unter den frühen Förderern der kollektiv geführten Genossenschaft finden sich die Solothurner Schriftsteller Otto F. Walter und Peter Bichsel. Auch der Solothurner Chris von Rohr, Gründer der ehemaligen weltbekannten Rockband «Krokus», stand schon am Küchenherd des Restaurants. Das «Kreuz» ist der Geburtsort des bedeutendsten Schweizer Literaturfests, der jährlichen «Solothurner Literaturtage». 1982 wurde dort die «Gruppe Schweiz ohne Armee (GSoA)» gegründet, die 1989 mit ihrer «Armeeabschaffungsinitiative» mehr als ein Drittel Jastimmen holte, ein historisches Ergebnis, welches das bis dahin felsenfeste Selbstverständnis der Schweizer Armee bis ins Mark erschütterte.

Heute sind die Gäste vielleicht etwas zahmer und ihre Haare kürzer geworden. Das Kulturbewusstsein und das traditionelle Ambiente sowie die gute Küche mit heimischen und exotischen Spezialitäten sind erhalten geblieben.

Adresse Kreuzgasse 4, 4500 Solothurn, www.kreuz-solothurn.ch | ÖV Bus 1, 4, 5, 6, 7 ab Hauptbahnhofplatz Kante C bis Haltestelle Postplatz | Anfahrt 10 Minuten zu Fuss ab Solothurn Hauptbahnhof über Hauptbahnhofstrasse und Kreuzackerbrücke | Tipp «Die Grüne Fee» am Klosterplatz ist die erste Absinth-Bar der Schweiz mit über 40 verschiedenen Varianten des Wermutgetränks (www.diegruenefee.ch).

88 Das Hotel «La Couronne»

Barocke Kulisse für einen Actionfilm

Begünstigt durch die Lage an der Aare war die «Krone» ein beliebter Übernachtungsort bei Besuchern und Durchreisenden. 1474 wurde sie erstmals urkundlich erwähnt und ist damit eines der ältesten Gasthäuser der Schweiz und die älteste Herberge im Kanton Solothurn, wobei das heutige Gebäude erst 1772 erbaut wurde.

Eine prunkvolle Blüte erlebte das Haus während der Zeit der französischen Ambassadoren. Die Adligen aus Versailles machten aus der eher schlichten Herberge im gesellschaftlichen und religiösen Zentrum Solothurns ein glanzvolles Gasthaus, in dem regelmässig rauschende Feste stattfanden. Zu den illustren Gästen gehörten auch gekrönte Häupter. 1797 hätte Napoleon Bonaparte auf der Durchreise von Balsthal her (siehe Ort 4) eine Nacht in Solothurn verbringen sollen. Die Zeit reichte jedoch lediglich für ein Glas Wasser. Die Kosten für die Vorbereitungen sowie die Verpflegung der Pferde über 2.582 Louis d'Or (heutiger Wert mehr als 700.000 Franken) ist Frankreich heute noch schuldig. Die Rechnung ist im Foyer des Hotels ausgehängt.

Weniger adlige, aber nicht minder glamouröse Gäste kannte das Haus in jüngeren Zeiten, darunter die Hollywoodstars Jane Fonda und Sophia Loren. Letztere hielt sich in Solothurn zu Dreharbeiten für den 1978 produzierten amerikanischen Kriegsfilm «Brass Target» («Verstecktes Ziel») auf, für den das Hotel und die St.-Ursen-Kathedrale als Kulissen für spektakuläre Actionszenen dienten, wofür sich der Autor, leider vergeblich, weil zu jung, sogar als Statist beworben hatte.

Nach einer Gesamtrenovation wurde das «La Couronne» 2017 als Vierstern-Boutiquehotel neu eröffnet. Das Restaurant wurde für seine französische Küche mit 13 Gault-Millau-Punkten ausgezeichnet. Geführt wird es von der Genossenschaft «Baseltor», die in Solothurn auch das Hotel Restaurant «Baseltor», das Restaurant «Salzhaus» und die Bar «Solheure» (siehe Ort 95) betreibt.

Adresse Hauptgasse 64, 4500 Solothurn, www.lacouronne-solothurn.ch | **Anfahrt** 10 Minuten zu Fuss ab Bahnhof Solothurn über Hauptbahnhofstrasse und Kronengasse; A5, Ausfahrt Solothurn-Ost, Richtung Biel, Parkmöglichkciten im Parkhaus Baseltor | **Tipp** Warum nicht einen Apéro oder Schlummertrunk in der Penthouse-Bar im Glaskubus des «H4»-Hotels mit Aussicht auf die historische Skyline von Solothurn geniessen (www.h-hotels.com, Suchbegriff: Solothurn)?

89 Das Kabinett für sentimentale Trivialliteratur

Romantische Schmöker

Im Frühling 1995 verbrachte die ehemalige Journalistin Lotte Ravicini-Tschumi gemeinsam mit ihrer Tochter ein gemütliches Wochenende in Yverdon, wo sie das Science-Fiction-Museum und die dazugehörende Bibliothek besuchten. So kam sie auf die Idee, ein Kabinett für sentimentale Literatur zu gründen. Getreu ihrem Motto «Nie aufhören anzufangen» machte sie sich sofort nach ihrer Rückkehr an die Verwirklichung.

Das Kabinett befindet sich in einem spätmittelalterlichen Haus am Klosterplatz und befasst sich grösstenteils mit von Frauen geschriebenen Werken aus der Zeit ab der Französischen Revolution bis zur Mitte des 20. Jahrhunderts. Spätestens seit Beginn des 19. Jahrhunderts werde die Belletristik in eine «hohe» und eine «niedere» Literatur unterteilt, liest man auf der Webseite des Kabinetts. Aufgrund ihrer Beliebtheit und Verbreitung werde Letztere als Trivialliteratur bezeichnet, was sie als anspruchslos, schablonenhaft und kitschig abstemple. Ihre kommerzielle Ausrichtung setze sie in Gegensatz zur Kunst. Frau Ravicini sieht die Trivialliteratur als Brückenschlag zwischen der «gehobenen» Literatur und der «Alltagsliteratur». Sie gebe Einsicht in das Leben und die Gefühlsleben vergangener Epochen. «Romane und populäre Texte von früher enthüllen eine erstaunlich komplexe und vielschichtige Welt der Frauen.»

Das Kabinett führt Mädchen-, Liebes-, Familien-, Heimat- und Abenteuerromane von Autoren wie Eugenie Marlitt, Ludwig Ganghofer, Stephanie Keyser und Charlotte Niese. Viele Autorinnen scheuten sich, unter ihrem eigenen Namen zu schreiben. Sie verwendeten Pseudonyme, teilweise sogar Männernamen, um ihre hohe gesellschaftliche Stellung zu verbergen, wie Königin Elisabeth von Rumänien (1843–1916), die unter dem Namen Carmen Sylva veröffentlichte.

Adresse Klosterplatz 7, 4500 Solothurn, www.trivialliteratur.ch | **Anfahrt** 10 Minuten zu Fuss ab Hauptbahnhof über Hauptbahnhofstrasse und Kreuzackerbrücke, Parkmöglichkeit im Parkhaus Baseltor | **Öffnungszeiten** themenorientierte Führungen jeweils am 7. eines jeden Monats, individuelle Führungen nach Vereinbarung | **Tipp** Gleich in der Nachbarschaft, am Klosterplatz, befindet sich die St.-Peters-Kapelle, über deren Portal die Skulptur des Apostels Petrus wacht, flankiert von den Stadtheiligen Urs und Viktor.

90__Der Kerzen Jeger

Ein Laden wie anno dazumal

Das Eckhaus «ennet der Schaal schattenhalb», heute Nummer 36, an der westlichen Ecke Hauptgasse / Schaalgasse wird erstmals 1522 als Eigentum von Niklaus Wengi erwähnt, jenes katholischen Schultheissen, der sich vor die auf die Reformierten gerichtete Kanone der Katholiken stellte (siehe Ort 48). Unweit davon und des Standortes besagter Kanone verbindet heute die Wengibrücke Alt- und Vorstadt miteinander.

Nach Wengis Tod wechselte das Haus mehrmals seine noblen Besitzer. Wegen der Nähe zu den Getreidemärkten und Fleischereien an der Schaalgasse («Schaal» bedeutet Schlachthaus) wurde es als Handels- und Lagerhaus genutzt. Zuletzt war es im Besitz der Familie Zetter, die dort ein Kolonial- und Tapetengeschäft führte. 2008 wurde das Gebäude totalrenoviert. Es ist eines der besterhaltenen alten Wohnhäuser mit der ältesten Schaufensterlage der Stadt.

Der Namenszug des letzten Vorbesitzers «F. A. Zetter» (siehe Ort 29) prangt noch heute über dem Eingang des Geschäftes «Jeger Tapeten Kerzen Kolonialwaren». Einheimische nennen es «Cherzejeger», weil ein auf der Liegenschaft bestehendes Servitut es verpflichtet, der ortsansässigen Fasnachtszunft «Honolulu» zu Beginn der Fasnachtszeit an Hilari, jeweils am 13. Januar, eine Kerze für die Narrenlaterne zu schenken.

Beim Betreten des Ladens fühlt man sich in die Zeit des Kolonialgeschäftes aus dem 18. Jahrhundert versetzt. Die in den Regalen ausgestellten Spirituosen, Weine, Balsamicoessige und Olivenöle sowie Spezereien stimulieren alle Sinne. Getreu der Tradition gibt es in einem Nebenraum eine grosse Auswahl an exklusiven Tapeten, Kerzen sowie Deko- und Einrichtungsgegenständen. Wer einmal im Laden steht, wird ihn angesichts der reichhaltigen Auswahl vorwiegend italienischer Leckereien schwerlich verlassen, ohne nicht wenigstens eine Kleinigkeit für sich oder die Lieben zu Hause erstanden zu haben.

Adresse Hauptgasse 36, 4500 Solothurn, www.kerzenjeger.ch | ÖV Bus 1, 4, 5, 6, 7 ab
Hauptbahnhofplatz Kante C bis Haltestellen Postplatz oder Amthausplatz | **Öffnungs-
zeiten** Mo 13.30–18.30 Uhr, Di–Fr 9–18.30 Uhr, Sa 9–17 Uhr, Do Abendverkauf bis
21 Uhr | **Tipp** Ein Laden mit Tradition in einem anderen Genre ist das «Gänterli» an
der St. Urbangasse. Es handelt sich dabei um einen der ältesten Bioläden der Schweiz
(www.gaenterli.ch).

91 Das Kino im Uferbau

Vom Schlachthaus zum Arthouse-Kino

Ist es in Zeiten von Netflix möglich, ein Kino in einer Kleinstadt zu betreiben, welches ein konsequentes Arthouse-Programm mit künstlerisch anspruchsvollen und nicht kommerziell ausgerichteten Filmen anbietet? Diese Frage beantwortet Solothurn mit Ja, wie ein kleiner Ausflug in seine Kino-Ausnahmelandschaft zeigt.

In Solothurn zeigen vier Kinobetreiber kommerzielle Mainstream-Produktionen. Einzig der «Canva Club» in Zuchwil bietet ein Arthouse-Programm. Wozu also ein fünftes Kino? Auslöser war ein Wettbewerb der Stadt zur Nutzung des ehemaligen Schlachthauses. Das Konzept eines Solothurner Architekten, Gastronomie und Kultur zu vereinen, überzeugte. Die Genossenschaft zum Baseltor (siehe Ort 87) übernahm den Gastronomieteil mit dem Betrieb der Bar «Solheure». Die Solothurner Filmtage kümmerten sich um den filmischen Bereich mit der Vorgabe, der «Uferbau» solle mit «Arthouse» in die Fussstapfen des ehemaligen Kinos «Elite» treten. Die Zusammenarbeit bringt beidseitige Vorteile. Man holt sich vor der Vorstellung in der Bar ein Getränk oder einen Snack und konsumiert während des Films. Sonntag bis Mittwoch sind Vorführtage. An den übrigen Tagen kann der Kulturraum mit 100 Plätzen ohne fixe Bestuhlung für andere Zwecke genutzt werden.

Mit diesem Arrangement finanziert sich der «Uferbau» im Gegensatz zu anderen Sälen selbst, ohne öffentliche Subventionen. Einen kleinen Zustupf erhält er lediglich für die Vorführung von Schweizer Filmen von «Succès Cinéma», einem Bundesfonds für die Programmvielfalt.

Der «Uferbau» stellt sich unter anderem für Vorführungen zugunsten NGOs und gemeinnütziger Organisationen zur Verfügung, zum Beispiel Amnesty International. Zudem wurde er Anlaufstelle für Filmemacher, die ihre Filme im Eigenverleih betreiben. Nicht selten trifft man auswärtige Gäste, weil die Filme anderswo nicht gezeigt werden.

Adresse Ritterquai 10, 4500 Solothurn, www.kino-uferbau.ch | Anfahrt zu Fuss 5 Minuten ab Bahnhof Solothurn, Parkmöglichkeiten im Parkhaus Baseltor | Öffnungszeiten Vorstellungen: So–Mi, Programm siehe Webseite | Tipp Das Stadttheater Solothurn ist das älteste Barocktheater der Schweiz. Es wurde 2013/14 renoviert. Dabei legte man Dekorationsmalereien aus dem 18. Jahrhundert frei (www.tobs.ch).

92 Die Krummturmschanze

Baupfusch aus Eifersucht

Der Krummturm ist der letzte Zeuge einer mittelalterlichen Befestigung und Wehranlage in der Solothurner Vorstadt oder «kleinen Stadt» am südlichen Ufer der Aare. Um 1700 wurde die Ringmauer durch die noch heute bestehende barocke Bastion Sainte-Croix (Krummturmschanze) ersetzt.

Der Name «Krummturm» ist seiner eigentümlichen Konstruktion zuzuschreiben. Der Grundriss weist die Form eines unregelmässigen Fünfecks auf, dessen Basis der Altstadt zugewendet ist. Die Falllinie des Spitzhelms liegt nicht im Zentrum des Grundrisses. Vier der fünf Seiten des pyramidenförmigen Daches bilden ungleichseitige Dreiecke, die dem Bau die schiefe Optik und damit seinen Namen verleihen.

Der Krummturm hat ein Verlies, dessen erster Insasse der Legende zufolge der Baumeister selbst gewesen sein soll. Ihn hatte der Entscheid der Obrigkeit verärgert, einen jungen Zimmermann mit den Holzarbeiten zu betrauen, welcher sich erfrechte, sich in die schöne Tochter des Baumeisters zu verlieben. Der Baumeister konstruierte den Turm als ungleichwinkliges Fünfeck und versprach dem Zimmermann die Hand der Tochter, wenn es ihm gelänge, den Bau zu vollenden. Das Ergebnis machte den jungen Handwerker zum Gespött der Stadt, worauf sich der Unglückliche aus Verzweiflung und Scham in die Aare stürzte. Die Solothurner Obrigkeit durchschaute das heimtückische Spiel des Baumeisters und verschaffte ihm permanentes Wohnrecht im Verlies.

Seit 1947 überlässt die Stadt Solothurn den Turm dem Artillerieverein Solothurn für die Dauer von 99 Jahren als Vereinslokal. Dieser richtete dort ein kleines Museum mit Waffen und Militaria ein. Das Lokal kann für Anlässe gemietet werden. Auf Anfrage führt Solothurn Tourismus Führungen zum Thema «Türme, Tore und Festungen» durch. Jährlich in der zweiten Augusthälfte wird die Krummturmschanze für sechs Tage zum Open-Air-Kino für die «Solothurner Sommerfilme».

Adresse Krummturmstrasse, 4500 Solothurn, www.solothurn-city.ch | ÖV Bus 1, 4, 5,
6, 7 ab Hauptbahnhofplatz Kante C bis Haltestelle Vorstadt oder Postplatz | Anfahrt
10 Minuten zu Fuss ab Bahnhof Solothurn, Parkhaus Berntor am Dornacherplatz |
Öffnungszeiten Führungen buchbar bei Solothurn Tourismus (Hauptgasse 69) | Tipp
In der Prisongasse 1 in der Vorstadt steht das «Prison», das Gefängnisgebäude mit Bau-
jahr 1756. Dort sitzt heute das kantonale Amt für Gemeinden hinter den immer noch
vergitterten Fenstern.

93___Die Kulturfabrik Kofmehl

Rock und Pop im Rostwürfel

Der Name der «Kulturfabrik Kofmehl» geht auf die Wurzeln dieser Institution zurück. Im August 1992 führten Jugendliche ein Theaterstück in der leer stehenden Fabrikhalle der «Otto Kofmehl Metallwaren AG» im Westen Solothurns auf. Daraus entwickelte sich ein regelmässiger Betrieb. Die Jugendlichen erhielten die Erlaubnis für die Zwischennutzung der Immobilie bis zu deren Abriss. Das Provisorium bestand zwölf Jahre. Als die Halle 2004 schliesslich doch noch wegkam, war sie fester Bestandteil der Jugend- und Musikszene Solothurns geworden. Der inzwischen gegründete Trägerverein erhielt 2003 vom Regierungsrat des Kantons Solothurn den «Kantonalen Kulturpreis».

Trotzdem mussten die Betreiber für einen neuen Standort kämpfen. Die Finanzierung eines Neubaus erforderte die Gründung einer Stiftung. Die Stadt trat schliesslich ein Stück Land im Baurecht ab, das knapp einen Kilometer vom alten Standort entfernt im Gewerbegebiet Obach lag. Mit öffentlichen Zuschüssen und privater Unterstützung kam das Kapital zusammen. Die neue Halle, die von aussen wie ein rostiger Eisenwürfel anmutet, wurde im April 2005 eröffnet. Obwohl sie nichts mehr damit gemein hatte, blieb der Name «Kulturfabrik Kofmehl» erhalten, «s'Kofmäu» für Einheimische. Automobilisten, die bei der Ausfahrt Solothurn-West von der Autobahn A 5 abfahren, sticht die obere Dachkante des rostbraunen Würfels auf der linken Seite ins Auge, wenn sie über die Aarebrücke Richtung Solothurn-Nord fahren.

Die Konzerthalle und die Raumbar haben eine Kapazität von 1.000 Personen. Das Personal besteht aus 250 HelferInnen, die grösstenteils ehrenamtlich tätig sind. Jährlich besuchen rund 80.000 Personen das Kofmehl, das sich zu einem Konzertlokal von nationaler Bedeutung entwickelte. Schweizer und internationale Künstler wie Die Ärzte, Shaggy, Wir sind Helden, Uriah Heep und Krokus sind dort aufgetreten.

Adresse Kofmehlweg 1, 4503 Solothurn, www.kofmehl.net | ÖV Bus 6 ab Hauptbahnhof Kante C Richtung Solothurn Allmend Bahnhof bis Haltestelle Casablanca | **Anfahrt** A 5, Ausfahrt Solothurn-West, Richtung Solothurn-Nord, bei Ampelkreuzung vor Tunnel Gibelin links abbiegen und Strasse bis zum Ende folgen, erneut links abbiegen, Hauptparkplatz unter der Brücke | **Tipp** Im «Burristurm», einem Wehrturm der alten Schanze am Amthausplatz, befindet sich der KULTURM, ein Kulturbetrieb für Kleinkunst und Erstauftritte verschiedener Künstler (www.kulturm.ch).

94 Der Landhausquai

Vom schmuddeligen Hafenviertel zur Flaniermeile

Die Solothurner verbinden Gelassenheit mit *joie de vivre*. Einerseits ist es die Nähe zur französischsprachigen Westschweiz, zu der sie seit jeher enge Beziehungen pflegen und die diesen Einfluss ausübt. Andererseits dürfte der diesbezügliche «Versailler» Einfluss schwer zu ignorieren sein.

Der Ort, der heute die genussfreudige Solothurner Seite am deutlichsten widerspiegelt, ist der Landhausquai. In früheren Zeiten war der unmittelbar an der Aare liegende Strassenzug geprägt von Güterumschlags- und Lagerhallen, dessen bauliche Zeugen noch immer zu sehen sind. Das Landhaus, wo früher Landwirtschaftsgüter, Kolonialwaren und Wein aus den Rebgütern der Stadt vom Bieler- und Neuenburgersee umgeschlagen wurden, ist neben der St.-Ursen-Kathedrale das sichtbarste Wahrzeichen der Stadt. 1955 wurde es nach einem Brand von Grund auf und originalgetreu nachgebaut. Heute ist es zusammen mit dem Palais Besenval (siehe Ort 95) ein Kongresszentrum und zentraler Veranstaltungsort für die Solothurner Film- und Literaturtage.

Gegenüber dem Landhaus liegt das «Haus am Land». Früher diente es als Kornspeicher und Zollhaus, später als Schulhaus. Heute ist darin eine moderne Jugendherberge untergebracht. Gleich nebenan befindet sich das «Salzhaus», ein ehemaliger Salzspeicher, nun ein exklusives, von Gault-Millau mit 13 Sternen geadeltes Restaurant.

In den 70er und 80er Jahren des vergangenen Jahrhunderts hatte der Landhausquai einen schlechten Ruf. Im Solothurner «Hafenviertel» war von Drogen bis zu sexuellen Dienstleistungen alles zu haben. Nach teils repressiver, teils natürlicher Verlagerung der Aktivitäten begann das Rebranding des Landhausquais zu dem, was er heute ist: die grosse Bar- und Flaniermeile der Stadt. In warmen Sommernächten, wenn die Gassen der oberen Altstadt beinahe ausgestorben wirken, steppt der Bär am Landhausquai.

Adresse Landhausquai, 4500 Solothurn | **ÖV** Bus 1, 4, 5, 6, 7 ab Hauptbahnhofplatz Kante C bis Haltestelle Postplatz | **Anfahrt** 10 Minuten zu Fuss ab Solothurn Hauptbahnhof über Hauptbahnhofstrasse und Kreuzackerbrücke | **Tipp** Am gegenüberliegenden Aareufer, am Kreuzackerquai, befindet sich die Open-Air-Bar «Hafebar». Ihr Motto: «Solothurn liegt am Meer» (www.algrappolo.ch/hafebar).

95 Das Palais Besenval

Pariser Chic im 18. Jahrhundert

Die während der Zeit der Alten Eidgenossenschaft regierende Kaste Solothurns wollte in Bezug auf Renommee und Lebensart ihren adligen französischen Vorbildern in keiner Weise nachstehen. Zwischen 1703 und 1706 liess Johann Viktor II. von Besenval, Sohn des Erbauers von Schloss Waldegg Johann Viktor I. (sieche Ort 25), ein Palais im Stil der Pariser Stadthäuser des französischen Adels *entre cour et jardin* am nördlichen Ufer der Aare bauen. Analog zu den Vorbildern der Leuchtenstadt besteht der Bau aus den Elementen Ehrenhof (*Cour des honneurs)*, Haupttrakt (*Corps de Logis*) und einem Barockgarten, der ebenfalls am Flussufer an das benachbarte Landhaus grenzt.

Mit dem Zug anreisende Besucher Solothurns kommen gezwungenermassen am Palais Besenval vorbei. Es liegt auf der linken Seite unmittelbar nach der Überquerung der nur für Fussgänger und Zweiradverkehr offenen Kreuzackerbrücke.

Als einer der bedeutendsten barocken Profanbauten der Stadt blickt das Palais Besenval auf eine wechselvolle Geschichte zurück. Zu ihrer Zeit waren die Besenvals die reichste Familie Solothurns. Johann Viktor II. lebte die meiste Zeit als Offizier und Diplomat am Hof Ludwigs XIV. in Versailles, während sein Bruder Peter Joseph in Solothurn die Familieninteressen vertrat. Nach dem Tod der Brüder ging das Palais in den Besitz der Familie von Roll über, Erzrivalen der Besenvals. 1829 wurde es vom Kanton übernommen und dem Bischof des neu installierten Bistums Basel als Residenz zur Verfügung gestellt, nachdem dieser von den Baslern vertrieben worden war. Nach dessen Auszug diente es als Kosthaus (Wohnheim) für Studentinnen des Lehrerseminars. Später wurde es von der kantonalen Verwaltung genutzt. Seit einem grossen Umbau 2005/06 ist es dem Hotel «H4» angeschlossen und gemeinsam mit dem Landhaus und anderen Lokalitäten der Stadt Bestandteil der Solothurner Seminarmeile.

Adresse Kronengasse 1, 4500 Solothurn, www.palais-besenval.ch | Anfahrt zu Fuss ab Bahnhof Solothurn über Hauptbahnhofstrasse und Kreuzackerbrücke in 5 Minuten erreichbar | Tipp Heute trifft sich «tout Soleure» in der Bar «Solheure» am Ritterquai. An der Uferbar und auf der Terrasse an der Aare gibt es leckere Tapas und genügend Getränke (www.solheure.ch).

96__Der Red John Irish Pub

Ein Guinness auf den Retter der Stadt

Was ein irischer Pub auf der Solothurner Partymeile mit dem Helden der Solothurner Mordnacht von 1382 zu tun hat, erzählt uns die Legende.

Hans Roth, ein Bauer aus dem bernischen Rumisberg, wärmt sich an einem kalten Novemberabend des Jahres 1382 hinter dem Ofen des Wirtshauses Schlüssel in Wiedlisbach auf und wird, zunächst unbemerkt, Zeuge einer folgenschweren Unterhaltung. Der verarmte und hochverschuldete Graf Rudolf von Kyburg-Burgdorf wollte die freie Reichsstadt Solothurn dazu bringen, ihn finanziell zu unterstützen. Diese weigerte sich, und Rudolf beschliesst, die Stadt in dieser Nacht zu überfallen und sich zu nehmen, was man ihm verwehrte. Die Verschwörer entdecken Roth und wollen ihn umbringen. Sie lassen schliesslich davon ab im Glauben, dass der Bauerntölpel ihnen unmöglich gefährlich werden könne. Sie nehmen Roth das Versprechen ab, keiner Menschenseele etwas zu verraten, und lassen ihn laufen. Doch Roth denkt nicht daran. Da Schnee liegt, zieht er seine Holzpantoffeln verkehrt herum an, damit seine Spuren aus Richtung Solothurn kommen, anstatt dorthin zu weisen, und macht sich auf den Weg durch die Winternacht. Es gelingt ihm, die Solothurner rechtzeitig zu warnen, und der Angriff der Kyburger misslingt. Den Menschen innerhalb der Stadtmauern wird eine Mordnacht erspart, nicht so denjenigen, die ausserhalb wohnen. Aus Rache für die Schmach werden sie von Rudolf und seinen Schergen massakriert. In der Folge besiegeln Bern und Solothurn im Burgdorferkrieg (siehe Ort 15) gemeinsam das Schicksal der Kyburger.

Aus Dankbarkeit verlieh Solothurn Hans Roth ein rot-weisses Ehrenkleid. Zudem zahlt sie seinem ältesten lebenden Nachfahren bis heute einen jährlichen Ehrensold. Ursprünglich betrug er 94 Taler, der gegenwärtige Ehrenkleidträger erhält 1.000 Franken. Der Name des Pubs gedenkt des Helden Hans Roth oder eben Red John.

Adresse Landhausquai 1, 4500 Solothurn, www.redjohn.ch | ÖV Bus 1, 4, 5, 6, 7 ab Hauptbahnhof Kante C bis Haltestelle Postplatz | Anfahrt 10 Minuten zu Fuss ab Bahnhof Solothurn über Hauptbahnhofstrasse und Landhausquai | Öffnungszeiten Mo–Fr ab 15 Uhr, Sa ab 10 Uhr, So ab 13 Uhr | Tipp Nicht gerade im Winter, aber immerhin von März bis Oktober ist die «Gelateria Vitaminstation» am Stalden 7 geöffnet. Mit ihrem reichhaltigen Sortiment an aus natürlichen Bestandteilen hergestelltem Glace (Eiscreme) ist sie eine der beliebtesten Eisdielen der Stadt (www.vitaminstation.ch).

97 __ Das Touringhaus
Bauhaus-Avantgarde

Solothurn kam nach dem Niedergang der Adelsherrschaft erneut zu einem gewissen industriellen Wohlstand, den die Wirtschaftskrise Ende der 20er Jahre teilweise wieder zunichtemachte.

Mitten in der Krisenzeit wollten die Brüder Hans und Ernst Salzmann auf einem eigenen, zehn Hektaren umfassenden Areal westlich des Stadtzentrums im Grünen eine Gartenstadt realisieren. Sie beauftragten den Architekten Walter Adam mit der Bauplanung. Im Grunde ein Traditionalist, hatte sich Adam dem Neuen Bauen nicht verschlossen, von dem er sich auf seinen Reisen innerhalb der Schweiz und nach Berlin inspirieren liess. Zwischen 1925 und 1933 breitete sich der Bauhausstil in der Schweiz vorwiegend in den grossen Städten und in den internationalen Zentren der Westschweiz aus, während Solothurn noch von seinem vorrevolutionären barocken Glanz zehrte.

Als Erstes wurde das an der Hauptstrasse nach Biel liegende Touringhaus in zwei Etappen, 1930/31 und 1932/33, Gesamtprojekts «Gartenstadt», welches nicht zustande kam. Die auf den ersten Blick chaotisch und zusammengewürfelt anmutende Gebäudeform mit der grünen Fassade vermag vielleicht erst auf den zweiten Blick zu faszinieren. Hauptmerkmal des Baus war die Nutzungsvielfalt. Dem durchgehenden Sockelbereich, wo damals die Touring Motor AG untergebracht war, wurden zwei Wohnblockkuben rechtwinklig zueinander aufgesetzt. Im ersten Stock entstand ein Restaurant mit einem Tearoom (Café) im Rundbau. Für damalige Solothurner Verhältnisse neu war eine Tanzterrasse. Diese übte im Sommer 1945 eine gewisse Anziehungskraft auf US-Soldaten auf Erholungsurlaub in der Schweiz aus. Die relativ heile Schweizer Welt, die Jazzmusik und vermutlich auch einige lebensfrohe Solothurner «Girls» vermochten die GIs auf andere Gedanken zu bringen. Die Gaststätte existiert heute nicht mehr. Trotzdem lohnt sich eine Aussenbesichtigung des Hauses allemal.

Adresse Bielstrasse 109/111, 4500 Solothurn, www.touringhaus.ch | ÖV Bus 2, 3 ab
Solothurn Hauptbahnhof Kante C Richtung Bellach bis Haltestelle Solothurn Touring |
Öffnungszeiten Infos siehe Webseite | Tipp Das Museum Schloss Blumenstein zeigt unter
anderem diverse feste und wechselnde Ausstellungen von Mode bis zum Liebesleben im
barocken Solothurn (www.museumblumenstein.ch).

98__Der Töfftreff
Mekka für schwere Maschinen

Pässe sind unter Töfffahrern legendär; je kurviger, desto besser. Furka, Oberalp, Susten. Doch der Pass der Pässe liegt für viele Schweizer Biker nicht in den Alpen, sondern im Jura: Es ist der Untere Hauenstein zwischen Läufelfingen BL und Trimbach.

Das Zentrum des Töffmekkas ist das Restaurant «Isebähnli» oberhalb von Trimbach, wo an schönen Tagen bis zu 1.000 Motorradfans vorbeischauen respektive -fahren. Es ist der Pilgerort per se, wo man sich traditionellerweise am Donnerstag, dem heiligen Töfftag, trifft. Bei Getränken und Grilliertem wird am notabene grössten regelmässigen Töfftreff Europas geplaudert und gefachsimpelt.

Jeden Frühling zu Saisonbeginn gehen auch die Kantonspolizeien Solothurn und Basel-Landschaft auf Achse und versuchen, die Biker zu sensibilisieren und somit waghalsige Fahrmanöver, Geschwindigkeitsüberschreitungen und damit verbundene schwere Unfälle zu verhindern. Auch auf die Einhaltung der gesetzlichen Vorschriften, was die Maschinen angeht, werfen sie ein Auge.

Ursprünglich entstand der Töfftreff Hauenstein in den 1960er Jahren im Restaurant Sonne in Buckten BL. Er verlagerte sich nach dem Tod der Sonne-Wirtin über den Unteren Hauenstein nach Trimbach ins «Isebähnli».

Der damalige Wirt gewährte den Bikern, denen an vielen anderen Orten die Bewirtung verweigert wurde, Asyl. Der Film «Easy Rider» schwemmte ab 1969 zahlreiche neue Besucher ins Töff-Mekka, das auch über 50 Jahre später noch besteht. Nicht mehr so wild wie früher vielleicht, nicht mehr so berüchtigt und nicht mehr mit wallendem Haar und ohne Helm, aber sonst hat sich am Groove nicht viel verändert. Der Töfftreff beim «Isebähnli» ist mittlerweile so legendär und nicht mehr vom Unteren Hauenstein wegzudenken, dass er es sogar auf die eidgenössische Liste der «Lebendigen Traditionen» geschafft hat, und zwar in der Kategorie «Gesellschaftliche Praktiken».

Adresse Isebähnli, Hauensteinstrasse 7, 4632 Trimbach, www.isebaehnli.info | ÖV Mit dem
ÖV zum Töfftreff? Hey!! | **Anfahrt** natürlich über die Passstrasse am Unteren Hauenstein
(Route 2) | **Tipp** Von der Ruine Froburg aus – einer der grössten ehemaligen Burganlagen
im Juragebirge – bietet sich ein toller Blick über die Region Olten und den Faltenjura.

99___Das Tunnelportal

Triumph im Namen, Schweiss in der Realität

Tripolis ist die Hauptstadt von Libyen und liegt am Mittelmeer. So weit, so klar. Heute zumindest. Denn vor über 100 Jahren lag Tripolis auch am Südfuss des Jura bei Trimbach. Dort wurde während des Baus des Hauenstein-Basistunnels, des 8,1 Kilometer langen Eisenbahntunnels zwischen Tecknau und Olten, nämlich eine Barackensiedlung mit diesem Namen aus dem Boden gestampft, denn das eisenbahnerische Riesenprojekt brauchte jede Menge Arbeitskräfte. Und diese kamen damals, ums Jahr 1912, vor allem aus Italien.

Zeitweise standen in «Tripolis bei Olten» (auf dem Gemeindegebiet von Trimbach und Winznau) bis zu 100 Baracken mit insgesamt über 2.000 Schlafplätzen, dazu gab es mehr als zwei Dutzend Wirtschaften und Kantinen, zahlreiche Lebensmittel- und andere Händler, eine italienische Hebamme, ein Kino und ein Kasperlitheater. Allerdings mangelte es an sanitären Anlagen, und das Leben war karg und hart.

Heute ist von der ehemaligen Siedlung nichts geblieben; die letzte Arbeiterbaracke wurde 1919 abgebrochen. Aber das Südportal des Hauenstein-Basistunnels mit seinen riesigen Steinquadern, durch den täglich rund 400 Züge brausen, ist noch da.

Warum aber hiess das Arbeiterdorf ausgerechnet Tripolis? Angeblich geht der Name darauf zurück, dass italienische Truppen 1911 im Krieg mit der Türkei im nordafrikanischen Tripolis einmarschiert sind und daraufhin Tripolitanien – einen Teil des heutigen Libyen – erobert haben. Ob die Gastarbeiter oder die Einheimischen sich diesen Namen ausdachten, weiss man heute nicht mehr. Klar ist, dass nicht nur der Hauensteintunnel einen Ort des italienischen Triumphs bekam, sondern auch Grenchen beim Eingang des fast zeitgleich gebauten Grenchenbergtunnels. Und dass Tripolis bei Olten sogar eine eigene Poststelle erhielt. Heute haben in Tripolis abgestempelte Briefmarken einen grossen Wert unter Philatelisten.

Adresse Tripolistrasse, 4632 Trimbach | **ÖV** Bus 507 bis Haltestelle Trimbach Rankwog | **Anfahrt** A 1, Ausfahrt Rothrist, Route 2 nach Olten | **Tipp** Das Südportal des Alten Hauensteintunnels ist mit einem Eisentor versehen. Damit verhinderte man früher, dass in den Tunnel eindringendes Wasser Eiszapfen bildete. Zum Tunnelportal kommt man auch zu Fuss.

100__Der Born

1.000 Stufen in den Himmel

Geologisch ist der Born ein Ausläufer des Faltenjura. Im Norden natürlich begrenzt durch das breite Tal der Dünnern und im Süden von der Aare, erhebt er sich sanft über der Ebene des Gäus. Ein charakteristisches Merkmal des 719 Meter über Meereshöhe gelegenen Berges ist der stillgelegte Stufensteinbruch auf der Nordseite, in dem bis 1996 Jurakalk und Mergel abgebaut wurden. Nach wie vor genutzt werden die Waldungen von den Bürgergemeinden der Stadt Olten und Wangen bei Olten.

Von 1920 bis 1960 betrieb das Kraftwerk im aargauischen Rupoldingen an der Südflanke des Born ein Pumpspeicherkraftwerk, mit dem Wasser über eine 500 Meter lange Leitung in einen Speicher auf dem Berg gepumpt wurde. Die Leitung existiert nicht mehr, an ihrer Stelle führt heute eine schnurgerade Treppe hinauf, der «Tuusigerstägli-Weg» oder «1.000-Stufen-Weg». Er ist eine beliebte Trainingsstrecke für Fitness-Freunde und Ausdauersportler. Der «Tuusigerstägli-Lauf» wird jährlich durchgeführt. Die schnellsten Läufer schaffen die 500 Meter lange Strecke und die 244 Meter Höhendifferenz in etwas mehr als sieben Minuten. Der untrainierte Schreibtischathlet benötigt dreimal so viel Zeit. Die Frustrationstoleranz wird auf die Probe gestellt, sobald man Stufe Nummer 1.000 erreicht und feststellen muss, dass noch mal 150 bis zum Gipfel nachgelegt werden müssen.

Der Abstieg auf dem Born-Rundwanderweg entlang der Kante der steil abfallenden Südflanke des «Oltnerbergs» entschädigt mehr als genug für die Anstrengung. Nach fünf Minuten gelangt man zum Aussichtspunkt «Chänzeli» mit einer imposanten Südaussicht vom Aarburger Talengnis im Osten bis weit in den bernischen Oberaargau im Westen. Weiter unten geht es am «Amerikanereinschlag» vorbei, wo man 1854 Bäume fällte, mit deren Holzverkaufserlös jene Kappeler Ortsbürger entschädigt wurden, die sich bereit erklärten, freiwillig nach Amerika auszuwandern.

Adresse Koordinaten: 2 633'893, 1 240'580, 4600 Olten | **ÖV** ab Olten Postbus 126 Richtung Oensingen Bahnhof bis Haltestelle Boningen Rupoldingen, circa 20 Minuten Fussweg Richtung Osten zum Ausgangspunkt | **Anfahrt A 1,** Ausfahrt Rothrist, Richtung Aarburg-Zentrum, dort Richtung Boningen, Parkmöglichkeit beschränkt, unter der Eisenbahnbrücke oder in Aarburg | **Tipp** Ein Spaziergang durch den historischen Dorfkern von Kappel mit seinen Speichern und Alemannenhäusern gibt einen Einblick in das Dorfleben früherer Zeiten (www.kappel-so.ch).

101 Das Bärenloch
Walk on the Wild Side

Dass im Bärenloch bei Welschenrohr – auch Bärenhöhle genannt – wirklich einmal Bären gehaust haben, ist nicht unmöglich, aber auch nicht sehr realistisch. Denn Meister Petz bevorzugt als Unterkunft und gerade auch für seinen Winterschlaf Höhlen, die eng und somit warm sind. Das Bärenloch bei Welschenrohr kann mit vielem dienen, aber sicher nicht mit Enge: Seine Dimension ist eindrücklich, und es erinnert mit seinen Massen von 30 Meter Breite und 20 Meter Höhe mehr an eine Felsenhalle denn an eine klassische Höhle. Schon fast gleicht es einer Kathedrale, deren karstige Decke zum Teil durchbrochen ist. Durch eines der Löcher zwischen den eleganten Kalkbögen wächst sogar ein Ahornbaum aus der Höhle heraus ins Licht, was dem Bärenloch einen ganz besonderen Charakter verleiht.

Die Aussicht auf den Ort Welschenrohr, das Thal und die gegenüberliegende Weissensteinkette ist eindrücklich. Schon der Schweizer Vorromantik-Maler Caspar Wolf – er gilt als Pionier der Hochgebirgsmalerei – hat das Naturwunder im Faltenjura im Jahr 1778 in einem Gemälde verewigt. Es trägt den Titel «Eine Hölle bei Welschen Rohr im Canton Solothurn».

Eine Hölle ist das Bärenloch allerdings nicht, sondern vielmehr ein Ort mit einer besonderen Ausstrahlung, der vielleicht früher einmal kultische Bedeutung hatte. Vorstellen könnte man sich dies jedenfalls gut, und archäologische Funde beweisen zumindest, dass in der näheren Umgebung bereits vor Jahrtausenden Menschen lebten. Und dass diese ein derart monströses Loch im Fels, das man von weit her sehen kann, auf irgendeine Art nutzten, ist sehr nachvollziehbar.

Der Aufstieg von Welschenrohr zum Bärenloch ist übrigens – mindestens auf den letzten paar 100 Metern – nur etwas für Trittsichere. Er führt über ein steiles, schmales Felsband und ist manchmal mehr zu erahnen denn zu erkennen. So richtig wild halt.

Adresse Koordinaten: 2 607'019, 1 237'512, 4716 Welschenrohr | **ÖV** Bus 129 ab Oensingen bis Haltestelle Welschenrohr Zentrum | **Anfahrt** A 1, Ausfahrt Oensingen, Route 30 nach Welschenrohr, parkieren im Dorf | **Öffnungszeiten** immer zugänglich, nur bei trockener Witterung zu empfehlen | **Tipp** Vom Bär zum Wolf: Die benachbarte Wolfsschlucht bietet zwar eine ganz andere Landschaft als das Bärenloch, ist aber ebenfalls sehr sehenswert und wild.

102 Das Museum «uhrundzeit»

Wenn die Zeit abgelaufen ist

Heute kaum mehr vorstellbar, aber eine der Uhrenmetropolen des Kantons Solothurn hiess einst Welschenrohr. In den besten Zeiten des 20. Jahrhunderts gab die Uhrenindustrie 550 Frauen und Männern einen Arbeitsplatz in diesem Ort. Insgesamt gab es im Thal 17 Uhrenbetriebe, und bis in die 1980er Jahre fanden sogar 95 Prozent der Welschenrohrer Bevölkerung in der Branche ihr Auskommen.

Doch diese Zeiten sind vorbei. Von der Uhrenindustrie ist im ganzen Bezirk Thal nur noch eine einzige Firma geblieben, die Candino (heute Festina). Und das Museum «uhrundzeit», das im ehemaligen Fabrikgebäude der Uhrenfirma Technos einen Blick zurück wirft ins goldene Zeitalter der Welschenrohrer Uhrmacherei. Diese hat ihre Wurzeln in den 1760er Jahren. Damals wurden Wand- oder Turmuhren hergestellt, später dann Taschenuhren. Übrigens: Auch die Turmuhr des Klosters Mariastein (siehe Ort 56) stammt aus Welschenrohr.

Die Industrie fasste gegen Ende des 19. Jahrhunderts im Thal Fuss. Neben Uhrenateliers, in denen die sogenannten «Uhrengrübler» in Heimarbeit ihr Geld verdienten, entstanden mit den Jahren zahlreiche Fabriken. So richtig boomte die Welschenrohrer Uhrmacherei nach dem Zweiten Weltkrieg. Der überwiegende Teil der Uhren ging in den Export. Doch in der Wirtschaftskrise der 1970er Jahre brach der Umsatz ein, und als die elektronische Quartz-Uhr aufkam, verschlief die Schweizer Uhrenindustrie den rechtzeitigen Wechsel auf deren Herstellung völlig. In Welschenrohr wurden weiterhin mechanische Uhren fabriziert, welche zwar solide waren, aber der Markt hatte sich längst für die günstigeren Quartz-Modelle entschieden. Das Ende eines beeindruckenden Stücks Industriegeschichte kam schnell und schmerzvoll. Nur das Museum «uhrundzeit» bietet heute noch einen Blick zurück auf 250 Jahre Uhrmacherei und lässt staunen, was hier im Solothurner Jura alles hergestellt wurde.

Adresse Fabrikstrasse 172, 4716 Welschenrohr, www.uhrundzeit.ch | ÖV Bus 129 ab Oensingen bis Haltestelle Welschenrohr Post | Anfahrt A 1, Ausfahrt Oensingen, Route 30 nach Welschenrohr | Öffnungszeiten jeden 1. So im Monat 10–17 Uhr oder nach Voranmeldung | Tipp Das Seifen Haus in Welschenrohr beleuchtet ein anderes altes Handwerk im Thal (www.seifensieder.ch).

103 Die Trockenmauer

Mörtellos glücklich – seit 1.000 Jahren

Ein kleiner Wegweiser am Ortseingang von Welschenrohr verrät die Distanz, die bis zum Probstenberg noch zu überwinden ist: neun Kilometer. Auf einem engen Fahrsträsschen zwischen Felsen und steilen Kuhweiden, Wäldern und einzelnen Höfen geht es in den Jura hinauf.

Die ältesten Teile der Probstenberger Trockenmauer, der längsten Trockenmauer des Kantons, wurden vor über 1.000 Jahren angelegt. Das Bauwerk, das gänzlich ohne Hilfsstoffe wie Mörtel oder Zement auskommt – daher der Name –, erstreckt sich über mehrere Kilometer auf der zweiten Jurakette zwischen Hinter Brandberg und Malsenberg. Es liegt genau auf der historischen Grenzlinie zwischen der Herrschaft Falkenstein und dem Fürstbistum Basel, und zwischen 1798 und 1815 war es sogar einmal kurz Landesgrenze und trennte die Helvetische Republik vom Département du Mont-Terrible, Frankreich.

Mit der zunehmenden Mechanisierung der Landwirtschaft in der zweiten Hälfte des 20. Jahrhunderts verschwanden immer mehr Trockenmauern von den Wiesen und Feldern der Schweiz, da sie den grösser werdenden Maschinen immer mehr in den Weg kamen. Die Probstenberger Trockenmauer hatte das Glück, dass sie auf dem kargen Juraberg, wo riesige Landwirtschaftsmaschinen sowieso keine Chance haben, nicht nur erhalten bleiben konnte, sondern dass 400 Meter von ihr sogar erneuert wurden. In den Jahren 2008 bis 2013 wurde sie in einem Gemeinschaftsprojekt des Naturparks Thal und der Stiftung Umwelteinsatz Schweiz (SUS) zum Teil restauriert und wiederhergestellt. So konnten sich nicht nur zahlreiche Interessierte in der uralten Tradition des Maurerhandwerks üben, sondern auch die Öffentlichkeit wurde sensibilisiert. Denn Trockenmauern haben nicht nur eine grosse kulturhistorische, sondern auch eine ökologische Bedeutung und bilden mit ihren zahlreichen Nischen und Verstecken einen wertvollen Lebensraum für Tiere und Pflanzen.

Adresse Koordinaten: 2 606'548, 1 238'138, 4716 Welschenrohr | ÖV Bus 129 ab Oensingen bis Haltestelle Welschenrohr Unterdorf, dann zu Fuss weiter | Anfahrt A 1, Ausfahrt Oensingen, Route 30 nach Welschenrohr, Wegweiser nach rechts folgen | Tipp Ein ambitioniertes Projekt um das grösste Säugetier Europas findet derzeit auf der anderen Talseite in Welschenrohr statt: die Auswilderung von Wisenten (www.wisent-thal.ch).

104 Die Käslochhöhle

Was Silex und Skelettreste mit Käse zu tun haben

In der Käslochhöhle gibt es keinen Käse. Aber einen ganz besonderen Schatz fanden Forscher bei Ausgrabungen ab dem Jahr 1904, nämlich eine Unmenge an Zähnen, Knochenresten und Werkzeugen aus dem Magdalénien, einer archäologischen Kulturstufe aus der Altsteinzeit – Relikte aus dem 13. vorchristlichen Jahrtausend also. Was die damaligen Ausgräber zutage förderten, waren unter anderem über 15.000 Silex-Artefakte, menschliche Skelettteile und Reste von einstigen Tieren sowie Keramik und eine Bronzespirale. Die Silexwerkzeuge dienten als Rückenmesser, Bohrer, Klingen, Stichel und Kratzer. So bearbeiteten die Menschen der Magdalénienzeit Tiere, die es bei uns seit Jahrtausenden nicht mehr gibt, beispielsweise Rentiere, Wildpferde und Eisfüchse. Doch auch Steinbock und Schneehase sind aus dem Mittelland längst verschwunden. Damals dominierte in der Schweiz die offene Tundralandschaft, die Bewaldung setzte erst später ein. Neben den Tieren, deren Reste in der Käslochhöhle gefunden wurden, dürften sich deren einstige Bewohner auch von Wurzeln und Beeren ernährt haben. Die Höhle bot Schutz und eine gute Aussicht, um Tierherden in der Aareebene auszumachen. Auch heute kann man gut verstehen, dass die Jäger und Sammler am Ende der letzten Eiszeit sich diesen Ort als Abri ausgesucht haben.

Für die heutige Forschung ein Wermutstropfen ist, dass die Käslochhöhle zu einer Zeit ausgegraben wurde, als die Archäologie noch in den Kinderschuhen steckte und recht rudimentär war. Zudem sind zahlreiche Artefakte verschollen.

Dass in der Käslochhöhle früher – wir reden nun nicht mehr von vor 13.000, sondern von vor 200 Jahren – doch noch Käse gelagert wurde, ist nicht erwiesen, aber auch nicht ausgeschlossen. Das «Chäs» könnte aber auch vom Wort «Chäss» stammen und würde bedeuten, dass man hier früher Schweine zur Eichelmast getrieben hat. Tja, immer geht's ums Essen …

Adresse Koordinaten: 2 636'815, 1 246'197, 4652 Winznau | ÖV Bus 501 oder 507 ab Olten Bahnhof bis Haltestelle Winznau Ausserdorf | Anfahrt A 1, Ausfahrt Rothrist, Route 2 nach Olten, beim Bahnhof Richtung Winznau | Tipp Neuzeitliche kulinarische Versuchungen kann man im Fabrikshop der Lindt-Schokoladenfabrik an der Industriestrasse 180 in Olten erstehen. Ein Paradies für Schleckmäuler.

105__Das Stauwehr
Interessenkonflikte und Erdbebensicherheit

Wenn verschiedene Interessen aufeinanderprallen, kann dies ganz schön den Zeitplan durcheinanderbringen. Ein Beispiel dafür ist das Stauwehr bei Winznau. Das Wehr entstand zwecks Stromgewinnung in den 1910er Jahren. Es trennt die Aare in einen Altarm und einen Kanal, der das Wasser zu den Turbinen in Niedergösgen leitet. Betrieben wird es von der Alpiq Hydro Aare AG. Das Stauwehr ist keine statische Mauer, sondern kann das Wasser mit fünf riesigen Stahlplatten, von denen jede einzelne 80 Tonnen wiegt, genau dosieren.

In 15 Meter Höhe befindet sich der Oberbau, der die Motoren und die Windenantriebe für die monströsen Ketten birgt. Doch es gibt Pläne für ein neues Stauwehr. Dann müsse der historische Oberbau weg, da dieser zu wenig erdbebensicher sei. Sein Schwerpunkt sei zu hoch, heisst es. Das gefällt aber dem Denkmalschutz nicht, der das historische Gebäude erhalten möchte. Währenddessen will der Verein Pro Velo, dass die Wehrbrücke weiterhin mit dem Velo befahren werden darf. Mehrere Umweltverbände fordern, dass die Beeinträchtigung der Natur auf einem möglichst geringen Level gehalten werden soll. Und die Alpiq will schnellstmöglich sanieren und weiter Strom produzieren. Die Prozesse zur Einigung, notfalls juristisch, sind noch im Gang.

Wann genau das Stauwehr Winznau also das Zeitliche segnen wird, ist noch unbekannt. Dennoch empfiehlt es sich, das über 100-jährige Industriedenkmal möglichst bald zu besuchen, solange es noch steht. Die Arbeiten sollen ab 2021 beginnen, man rechnet mit vier bis fünf Jahren Bauzeit. Danach ist der historische Oberbau Geschichte.

Ein interessantes Detail offenbart übrigens die Gemeindegrenze zwischen Olten und Winznau: Diese verläuft über weite Strecken in der Mitte der Alten Aare, ausser beim Stauwehr, welches sich aufgrund einer genau dosierten Ausbuchtung zu 100 Prozent im Winznauer Bann befindet.

Adresse Giessenstrasse, 4652 Winznau | **ÖV** Bus 501 ab Olten Bahnhof bis Haltestelle Olten Haslistrasse oder Winznau Ausserdorf | **Anfahrt** A 1, Ausfahrt Rothrist, Route 2 nach Olten, beim Bahnhof Richtung Winznau | **Tipp** Der Aareweg führt am Ufer der Alten Aare entlang – ein empfehlenswerter Spaziergang.

106 Der Wegweiser
Moskau und Peking in der Provinz

Der exotischste Wegweiser des Kantons Solothurn, wenn nicht der ganzen Schweiz, steht in Wisen. Oder wo sonst finden sich in Helvetien Weltstädte angeschrieben, ja Millionenmetropolen und Hauptstädte von Weltmächten? Wer's nicht glaubt, begebe sich in das kleine, unscheinbare Dorf Wisen (ohne ie) nördlich von Olten und fahre auf der Hauptstrasse ostwärts. Und wirklich, neben der Kirche steht es, dieses Schild: «Moskau – Peking – Zeglingen», heisst es auf einem offiziellen Wegweiser. Dabei haben Moskau (ungefähr 2.200 Kilometer entfernt, 11,5 Millionen Einwohner), Peking (ungefähr 8.000 Kilometer entfernt, 21,5 Millionen Einwohner) und Zeglingen (drei Kilometer entfernt, 500 Einwohner) nichts gemeinsam ausser der Himmelsrichtung, in der sie von Wisen aus gesehen liegen.

Von der Geschichte hinter diesem erstaunlichen Schild gibt es verschiedene Versionen. Eine besagt, es habe sich einst um einen Fasnachtsscherz gehandelt, der irgendwann mal offiziell geworden sei. Eine andere will wissen, dass vor etwa 25 Jahren eine Hochzeitsgesellschaft aus dem Nachbardorf Zeglingen einen Schreibfehler auf dem Wegweiser entdeckt (Zeglgin) und das Schild darum kurzerhand zusammen mit gewichtigen Namen auf Papier überklebt habe. Der kommunale Bauchef habe sich darüber amüsiert und ein offizielles Verkehrsschild mit dieser Aufschrift bestellt. Beim Kanton habe man die Idee anfangs nicht so lustig gefunden und sich über die irritierenden Angaben beschwert, aber irgendwann siegte wohl das Gewohnheitsrecht. Heisst es. Ob die Geschichte wirklich so ablief, sei dahingestellt. Ist irgendwie auch nicht so wichtig. Zentral ist, dass der Wegweiser nach Moskau, Peking und Zeglingen mittlerweile ganz offiziell vom Kanton erneuert wurde – mit reflektierendem Hintergrund und zwei Weltstädten und einem Nachbardorf darauf. Da soll noch einer sagen, in Amtsstuben sei man völlig humorfrei …

Adresse Ecke Hauptstrasse / Ausserdorfstrasse, 4634 Wisen | ÖV Bus 506 ab Olten
Bahnhof bis Haltestelle Wisen Kirche | Anfahrt A 2, Ausfahrt Eptingen, via Läufelfingen
nach Wisen | Tipp Beim Baselbieter Nachbardorf Zeglingen gibt es ein Naturschutzgebiet
in der ehemaligen Gipsgrube mit bemerkenswerter Pflanzen- und Tierwelt (gut vom Dorf
aus sichtbar).

107 Die Wisner Fluh

Warum Afrika für den Zuckerhut verantwortlich ist

Ein wenig sieht sie aus wie der Zuckerhut. Und doch ist sie einfach ein Teil des Faltenjura – jenes Gebirges, das den nördlichen Teil des Kantons Solothurn dominiert. Der Jura ist namensgebend nicht nur für den erwähnten Bergzug und den jüngsten Kanton der Schweiz, sondern auch für das geologische Zeitalter, das sich ungefähr vor 200 bis 145 Millionen Jahren abspielte. Damals lag der ganze Kanton Solothurn unter einem tropischen Flachmeer. Auf dem Grund dieses Gewässers lagerten sich im Lauf der Jahrmillionen mächtige Sedimentschichten ab, die vor allem aus Kalkstein bestanden. Mit dabei auch Mergel und Ton.

Stellen wir auf Zeitraffer: Das Meer bildet sich zurück. Die Afrikanische Platte drückt gegen die Eurasische Platte und lässt die Alpen wachsen. Im Zuge der letzten Phase der Alpenbildung wird schliesslich auch der Jura aufgefaltet. Wir sind nun bereits in der Zeit vor etwa zehn bis zwei Millionen Jahren angelangt. Den Rest der Modellierung besorgte die Erosion.

Weltbekannt wurde der Jura durch den Hollywoodfilm «Jurassic Park» – na ja, mindestens die Bezeichnung, denn die Velociraptoren und Tyrannosaurus Rex verfolgten die bemitleidenswerten Menschen ja nicht am Unteren Hauenstein, sondern auf einer pazifischen Insel nahe Amerika. Das Wort «Jura» stammt übrigens aus dem Keltischen. Es hiess «Jor» (von den Römern abgeleitet: «Juris») und bedeutet «Wald» oder «Waldland». Wer heute im Jura unterwegs ist, sieht: Die Kelten lagen ziemlich richtig, denn der Jura ist mit Abstand die waldreichste Landschaft der Schweiz.

Übrigens führt der Fernwanderweg Nummer 5, der Jura-Höhenweg, von Dielsdorf nach Nyon (Etappe 3: Staffelegg–Hauenstein) kaum 700 Meter Luftlinie von der Spitze der Wisner Fluh entfernt hier durch. Der kleine Abstecher zum Aussichtspunkt auf 935 Metern lohnt sich allemal. Wann kommt man denn sonst so schnell wieder auf den Zuckerhut?

Adresse Koordinaten: 2 634'599, 1 249'037, 4634 Wisen | ÖV Bus 506 ab Olten Bahnhof bis Haltestelle Wisen Kirche, von dort zu Fuss weiter | Anfahrt A 2, Ausfahrt Eptingen, via Läufelfingen nach Wisen | Tipp Auf der anderen Talseite licgt der Wisenberg, mit 1.001 Metern der östlichste 1.000er des Jura. Er bietet ein schönes 360-Grad-Panorama.

108 Der Gerlafingerweiher
Kleinod der Natur neben Schwerindustrie

Der Gerlafingerweiher liegt an einer Wanderroute, die am Unterlauf der Emme entlang bis zum Emmenspitz in Zuchwil führt. Obwohl nur wenige Quadratmeter des nördlichen Zipfels zum Kanton Solothurn gehören, trägt der Gerlafingerweiher in seiner Gesamtheit den Namen der Solothurner Gemeinde, auf deren Gebiet besagter Zipfel liegt. Einheimische nennen ihn auch «Änteliweiher» oder Entenweiher.

Die künstlich angelegte Wasserfläche würde ursprünglich als Lagerplatz für angeflösste Baumstämme aus dem Emmental geschaffen, die für die Befeuerung der Hochöfen des Eisenwerkes benötigt wurden. Angeblich war der Kantonsregierung das gute Solothurner Holz dafür zu schade.

Der Weiher ist umgeben von Industriegleisen und Hochöfen des ältesten Stahlwerkes der Schweiz, das sich in einem ehemaligen Schwemmgebiet am Unterlauf der Emme befand. Nachdem die Flösserei 1869 aufgegeben wurde, drohte der See zu verlanden, was aus naturschützerischen Gründen verhindert wurde. Bis 1974 leitete eine Papierfabrik ihre Abwässer in den Weiher. Seit 1983 steht der Gerlafingerweiher unter Naturschutz. Seither entstand in seinem Einzugsgebiet neben dem Industriegelände ein Auenwald, der verschiedenen Tier- und insbesondere Vogelarten Lebensraum bietet. Wenn man den Weiher auf dem Uferweg umrundet, könnte man die wummernden Hochöfen nebenan beinahe vergessen. Der Weiher ist grösstenteils von einem hohen Schilfgürtel umgeben. Von einer überdachten Aussichtsplattform am westlichen Ufer hat man einen schönen Ausblick über die Wasserfläche mit ihrer Flora und Fauna. Sie ist Brutstätte seltener Vogelarten wie der Reiherente, von der sich jährlich zwei bis acht Paare dort aufhalten sollen. Laut der Schweizerischen Gesellschaft für Vogelkunde und Vogelschutz ist der Gerlafingerweiher neben dem Gwattlischenmoos am Thunersee der einzige ganzjährig besetzte Brutplatz der Schweiz.

Adresse Koordinaten: 2 609'316, 1 224'063, 4564 Zielebach | ÖV Regio-Zug ab Solothurn Richtung Thun bis Gerlafingen (stündlich), Fahrzeit: 10 Minuten | Anfahrt A 1, Ausfahrt Kriegstetten, Richtung Biberist bis Gerlafingen, Parkmöglichkeiten beim Bahnhof | Tipp Auf einer Wanderung entlang des Unterlaufs der Emme von Utzenstorf über Gerlafingen bis zum Emmenspitz in Zuchwil trifft man mit etwas Glück auf Biber.

109 Das Theater Mausefalle
Kooperativ inszeniertes Theater mit Anspruch

Nachdem der Kantonsschulprofessor Rudolf Fischer in den späten 60er Jahren einen eben gelesenen Text mit einer Lateinklasse erfolgreich auf die Bühne gebracht hatte, bot er Theater-Freikurse an der Kantonsschule Solothurn an. Die meisten Stücke wurden in der Schulaula oder im Kleintheater Muttiturm aufgeführt.

Mitte der 80er Jahre gründete Fischer zusammen mit Maturanden die Schauspielgruppe Fischer, der sich bald zahlreiche weitere junge Menschen anschlossen. 1993 wurde an der Grenchenstrasse ein eigenes Theaterlokal eingeweiht. Seinen Namen erhielt es aufgrund des ersten dort aufgeführten Stückes: «Die Mausefalle» von Agatha Christie. 1996 benannte sich das Ensemble in «Fischer Teatro Mobile» um. 2009 konstituierten die aktiven Schauspieler und Mitwirkenden den Verein «Theater Mausefalle», der zu einem wichtigen Bestandteil der Solothurner Kultur werden sollte. 2012 bezog der Verein neue Lokalitäten in der ehemaligen Kantine auf dem stillgelegten Sulzer-Gelände, dem heutigen Riverside-Business-Areal in Zuchwil.

Als kooperativ und ehrenamtlich betriebene Amateurbühne bietet die «Mausefalle» ein breites Spektrum an Aufführungen. Seit ihrer Gründung wurden etwa 200 Inszenierungen unterschiedlichster Genres präsentiert, von zeitgenössischen Stücken und Dramen über Musicals, griechische Komödien und Improvisationstheater bis zu den Klassikern der Theaterliteratur.

Die Besonderheit der «Mausefalle» besteht in der weitgehenden Mitsprachemöglichkeit der Ensemblemitglieder. Sie kommen sowohl bei der Stückauswahl als auch bei der Inszenierung zum Zug. So plant jeweils ein Mitglied des Ensembles oder eine Gruppe ein Stück und besetzt es mit passenden Akteuren aus dem Personenpool. Die Inszenierung ist ein gemeinschaftliches Werk. Das Theater Mausefalle will jungen Menschen den Zugang zu Theater und Schauspiel ermöglichen und bietet Theaterkurse für Kinder und Jugendliche.

Adresse Allmendweg 8, 4528 Zuchwil, www.mausefalle.ch | **ÖV** Bus 4, 6, 9 ab Solothurn Hauptbahnhof Kante A bis Haltestelle Zuchwil Aarmatt | **Anfahrt** A5, Ausfahrt Solothurn-Ost, Richung Zuchwil-Zentrum, dort Richtung Solothurn bis Kreisel Aarmatt (dritter Kreisverkehr ab Ausfahrt), Parkplätze auf VEBO-Areal; 15 Minuten Fussweg ab Solothurn Hauptbahnhof, immer geradeaus über Luzernstrasse | **Tipp** Vom Glockenturm der St.-Ursen-Kathedrale hat man einen 360-Grad-Rundblick über die Stadt und die umliegenden Gemeinden (täglich 8–18.30 Uhr, ausser zu Gottesdienstzeiten).

110___Das Wyss GartenHaus
Schaugarten mit Dachschale

Am Anfang war der Samen. Nirgends ist dieser Spruch zutreffender als bei einer Gärtnerei. In diesem Fall wurde das erste Samenkorn 1801 gepflanzt, als Urs Viktor Wyss in Solothurn die erste Erwerbsgärtnerei der Schweiz gründete. Eine Spezialität des Geschäftes war anscheinend der Anbau und Verkauf von Nelken, was ihm für lange Zeit den Übernamen «Nägeli Wyss» eintrug. Der eigentliche Gründer der «Wyss Samen und Pflanzen AG» war François Wyss, der Enkel von Urs Viktor.

1962 eröffnete Wyss in Zuchwil eines der ersten Gartencenter der Schweiz. Im Jahr darauf kam ein grosser Schaugarten dazu, der an Sonntagen Massen von Besuchern anlockte, darunter viele enthusiastische Eltern in Begleitung ihrer vielleicht weniger begeisterten Kleinen, die lediglich die Aussicht auf eine Glace oder sonstige Leckereien motivierte. Hingegen lockte der Schaugarten Besucher aus der ganzen Schweiz an, oft mit eigens dafür gecharterten Reisebussen. Noch heute betreibt die Firma in Zuchwil den grössten Versuchs- und Schaugarten der Schweiz mit 2.000 Pflanzensorten.

Ein markantes visuelles Element des Gartencenters – oder neu: des GartenHauses – ist das ursprüngliche Ladengebäude, heute das Café, eine vollverglaste Konstruktion mit einem Betonschalendach von Heinz Isler. Der Zürcher Bauingenieur war Spezialist für die Konstruktion optimaler Formen von dünnwandigen, allseitig gekrümmten Schalen aus Stahlbeton. Die Isler-Schale in Zuchwil war sein erstes grosses Projekt. Darauf folgten weitere wie die Raststätte Deitingen-Süd an der Autobahn A1 oder die Tennishalle in Grenchen. Isler gehörte zum Team, das den Zeltdachbau auf dem Olympiagelände in München entwarf und errichtete. Er zählt zu den bedeutendsten Dachschalenbauern der Welt. Sein erstes Werk in Zuchwil symbolisiert die Verbindung von revolutionärer Bautechnik mit der Schöpfungskraft der Natur.

Adresse Gartenstrasse 32, 4528 Zuchwil, www.wyssgarten.ch | Anfahrt A 5, Ausfahrt
Solothurn-Ost, Richtung Zuchwil-Zentrum, beim ersten Kreisverkehr rechts abbiegen
und danach erste Strasse rechts | Öffnungszeiten Mo – Fr 9 – 18.30 Uhr, Sa 8 – 17 Uhr |
Tipp Eine Innnovation neueren Datums stellt das Hybridwerk Aarmatt der Regio Energie
Solothurn dar, ein Leuchtturmprojekt der Energieversorgung, in dem überschüssige
erneuerbare Energie gespeichert und später nach Bedarf abgegeben werden kann
(Führungen auf Anfrage, www.hybridwerk.ch).

111 Die Ruine Gilgenberg
Unblutiger Krieg um eine «Geissenvogtei»

Auf dem Felssporn eines Jura-Ausläufers im Bezirk Thierstein steht die Ruine des zu Beginn des 14. Jahrhunderts erbauten Schlosses Gilgenberg, eine Höhenburg, von der lediglich die Aussenmauern des Palas erhalten sind. Erstmals urkundlich erwähnt wird das Schloss im Jahr 1319. Der Name entstammt dem Wappensymbol seiner Erbauer, der Freiherren von Ramstein. Es sind zwei gekreuzte Lilien (Ilgen), die auf den Gemeindewappen der umliegenden Gemeinden Meltingen, Zullwil und Nunningen zu sehen sind. Deren Einzugsgebiet ist gemeinhin als Gilgenberg bekannt.

Nach seinem Tod 1459 übertrug Rudolf von Ramstein das Schloss auf seinen unehelichen Sohn Hans Bernard, der sich als Ritter von Gilgenberg Solothurn anschloss, jedoch während der Burgunderkriege 1474 im Dienste Karls des Kühnen fiel. Daraufhin besetzten die Solothurner Gilgenberg. 1527 verkaufte Hans Bernhards Sohn Hans Imer die Gilgenberger Herrschaft für 5.900 Gulden an die neuen Herren ennet dem Jura. Diese setzten einen Landvogt als Statthalter ein.

Ein Streit um einen Mordfall artete zu einem Konflikt um die Hochgerichtsbarkeit zwischen den eidgenössischen Ständen Solothurn und Basel aus. Die Solothurner errichteten daraufhin auf dem Plateau von Gempen einen Galgen als Symbol der Gerichtshoheit, den die Basler sogleich demontierten. Als Vergeltung wollte Solothurn militärisch gegen Basel vorgehen, was die eidgenössischen Bruderorte als Schlichter auf den Plan rief. Die katholische Mehrheit entschied sich gegen das protestantische Basel, und der Sieg im unblutigen Galgenkrieg festigte Solothurns Herrschaft über den Gilgenberg, der wegen seiner bescheidenen Einkünfte als «Geissenvogtei» (Ziegenvogtei) galt.

1941 erwarb eine Stiftung Gilgenberg, und seit 1984 steht die Ruine unter dem Schutz der Eidgenossenschaft. 2015 wurde der Innenhof für die Durchführung kultureller Anlässe teilüberdacht.

Adresse Schlossweg 198, 4234 Zullwil | Anfahrt A 2, Richtung Basel bis Muttenz, dann A 18 bis Zwingen, weiter Richtung Passwang bis Breitenbach und von dort Richtung Fehren und Nunningen bis Zullwil, Parkmöglichkeit unterhalb der Burgruine | Öffnungszeiten Ruine öffentlich und jederzeit frei zugänglich | Tipp Pilger auf dem Jakobsweg, die zum Kloster Beinwil möchten oder von dort kommen, machen halt im Bergrestaurant «Meltingerberg» mit Aussicht auf das Gilgenberger Land (www.meltinger-berg.ch).

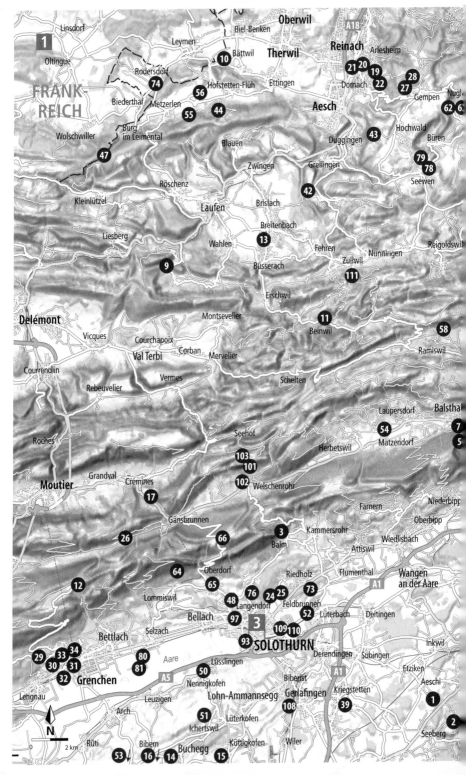

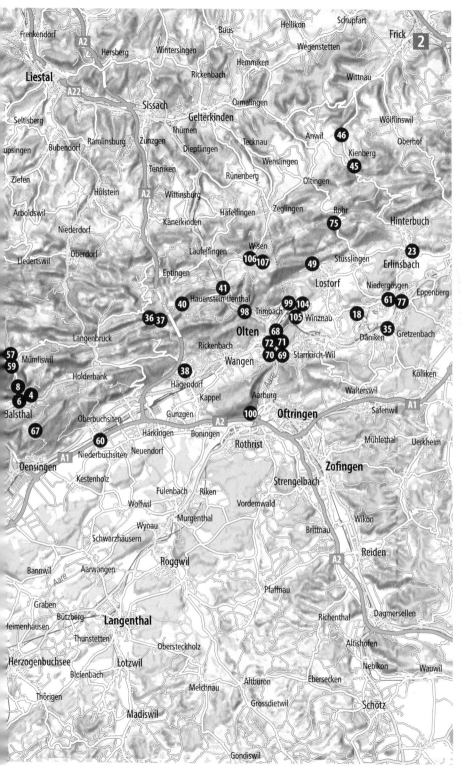

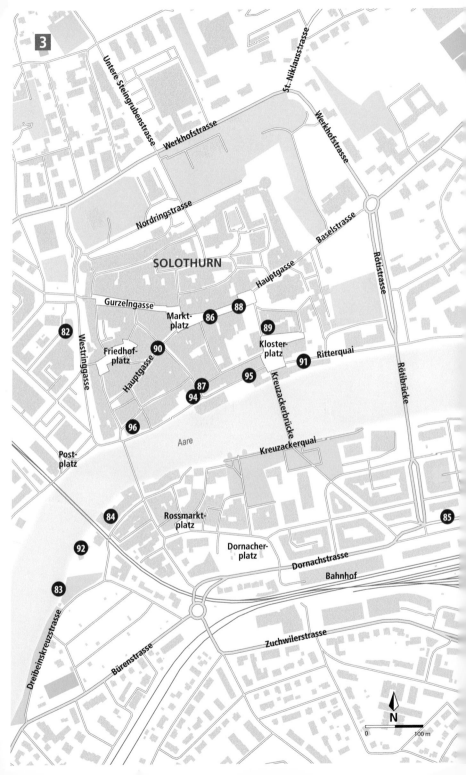

Barbara Saladin
111 Orte in Baselland, die man gesehen haben muss
ISBN 978-3-7408-0122-9

Ursula Kahl
111 Orte im Aargau, die man gesehen haben muss
ISBN 978-3-95451-537-0

Monika Mansour
111 mystische Orte in der Schweiz, die man gesehen haben muss
ISBN 978-3-7408-0139-7

Regula Tanner
111 Orte im Berner Oberland, die man gesehen haben muss
ISBN 978-3-7408-0124-3

Ambroise Tièche, Katharina Hohmann, Fritz von Klinggräff
111 Orte in Genf, die man gesehen haben muss
ISBN 978-3-7408-0835-8

Silvia Götschi
111 Orte in Nidwalden, die man gesehen haben muss
ISBN 978-3-7408-0566-1

Nina Kobelt, Silvia Schaub
111 Orte rund um den Säntis, die man gesehen haben muss
ISBN 978-3-7408-0550-0

Sonja Muhlert, Adrian Künzi
111 Orte in und um Biel/Bienne, die man gesehen haben muss
ISBN 978-3-7408-0340-7

Corinne Päper, Georg Holubec
111 Orte in Winterthur, die man gesehen haben muss
ISBN 978-3-7408-0237-0

Marcus X. Schmid,
Michel Riethmann
**111 Orte in Luzern und rund
um den Vierwaldstättersee, die
man gesehen haben muss**
ISBN 978-3-7408-0866-2

Uwe Ramlow
**111 Orte im Tessin, die
man gesehen haben muss**
ISBN 978-3-95451-840-1

Mercedes Korzeniowski-Kneule
**111 Orte in Basel, die man
gesehen haben muss**
ISBN 978-3-95451-702-2

Oliver Schröter, Falk Saalbach
**111 Orte in Zürich, die man
gesehen haben muss**
ISBN 978-3-95451-538-7

Cornelia Lohs
**111 Orte in Bern, die man
gesehen haben muss**
ISBN 978-3-95451-669-8

Marion Rapp
**111 Schätze der Natur rund
um den Bodensee, die man
gesehen haben muss**
ISBN 978-3-95451-619-3

Dietlind Castor
**111 Orte am Bodensee, die
man gesehen haben muss**
ISBN 978-3-7408-1098-6

Jo Berlien, Sabina Paries
**111 Orte in Straßburg, die
man gesehen haben muss**
ISBN 978-3-7408-0576-0

Marcus X. Schmid,
Monika Steineberg
**111 Orte in der Bretagne, die
man gesehen haben muss**
ISBN 978-3-7408-0572-2

Georg Renöckl
**111 Orte in Nordfrankreich,
die man gesehen haben muss**
ISBN 978-3-7408-0559-3

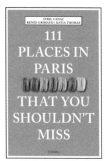

Sybil Canac, Renée Grimaud,
Katia Thomas
**111 Orte in Paris, die man
gesehen haben muss**
ISBN 978-3-95451-847-0

Ralf Nestmeyer
**111 Orte in der Normandie,
die man gesehen haben muss**
ISBN 978-3-95451-839-5

Barbara Krull
**111 Orte im Elsass, die
man gesehen haben muss**
ISBN 978-3-95451-596-7

Ralf Nestmeyer
**111 Orte an der Côte d'Azur,
die man gesehen haben muss**
ISBN 978-3-95451-563-9

Ralf Nestmeyer
**111 Orte in der Provence, die
man gesehen haben muss**
ISBN 978-3-95451-094-8

Erwin Ulmer
**111 Orte in Oberschwaben,
die man gesehen haben muss**
ISBN 978-3-7408-0860-0

Barbara Goerlich
**111 Orte auf der Schwäbischen
Alb, die man gesehen haben
muss**
ISBN 978-3-7408-0880-8

Barbara Riess
**111 Schätze der Kultur im
Schwarzwald, die man
gesehen haben muss**
ISBN 978-3-7408-0555-5

Ute Blessing
**111 Orte im Remstal, die
man gesehen haben muss**
ISBN 978-3-7408-0475-6

Gabriele Kalmbach
**111 Orte im Stuttgarter Umland,
die man gesehen haben muss**
ISBN 978-3-95451-855-5

Barbara Krull
**111 Orte am Kaiserstuhl, die
man gesehen haben muss**
ISBN 978-3-95451-562-2

Kirsten Elsner-Schichor,
Rainer Bodemer
**111 Orte in Karlsruhe, die
man gesehen haben muss**
ISBN 978-3-95451-593-6

Erwin Ulmer
**111 Orte an der oberen Donau,
die man gesehen haben muss**
ISBN 978-3-95451-494-6

Barbara Riess
**111 Orte in Freiburg, die
man gesehen haben muss**
ISBN 978-3-95451-385-7

Lust auf mehr? Laden Sie sich
die »LChoice«-App runter, scannen
Sie den QR-Code und bestellen
Sie weitere Bücher direkt in Ihrer
Buchhandlung.

DANK

Es wäre uns unmöglich gewesen, dieses Buch ohne die Hilfe zahlreicher ExpertInnen und Kenner vor Ort zu realisieren. Unser spezieller Dank gilt deshalb ihnen sowie allen anderen, die uns mit kleinen und grossen Hilfestellungen die Arbeit vereinfacht haben.

Ein grosses Merci geht an Murat Baki, Tünde Barany, David Baumgartner, Brigitta Berndt, Christine Beuret, Hansjörg Boll, Niklaus Bolliger, Nadine Boner Camacho, Stephan Braun, Bettina Brotschi, Mike Brotschi, Daniela Dietrich, Urban Fink-Wagner, Markus Flück, Robert Flückiger, Catherine Frachebourg, Bastiaan Frich, Bruno Gardelli, Rebekka Gerber, Renata Gugelmann, Pierre Harb, Jürgen Hofer, Doris Heinimann, Susanne Im Hof, Marianne und Urs Jeger, Andrea Keller, Pipo Kofmehl, Meinrad Kofmel, Niklaus Krattiger, Urs Kummer, Claudia Leu, Elisabeth Loser, Daniel Luterbacher, Claudine Metzger, Martin Meyer, Dominique Oser, Peter Probst, Susanne Rippstein, Pascale von Roll, Martin Ruckstuhl, François Scheidegger, Patrick Senn, Claudia Spiess, Thomas Steinbeck, Kathrin Thommen, Erich Weber, Ralf Weidkuhn, Gisela van der Weijden, Doris Weyeneth, Philipp Wyss, Jana Zimmermann, Hans Peter Zuber, Ruth Zurschmiede sowie an all jene, die wir in dieser Auflistung vergessen haben sollten.

Ebenfalls bedanken wir uns herzlich beim Team des Emons Verlags in Köln für die stets gute Zusammenarbeit.

Ein besonderer Dank geht an die Stadt Solothurn für die finanzielle Unterstützung zu diesem Buch.

Christof Gasser, geboren 1960 in Zuchwil bei Solothurn, ist seit 2016 Autor von Kriminalromanen und Kurzgeschichten. Zudem schreibt er als Gastkolumnist für die *Solothurner Zeitung*. In seinen Romanen spielt seine Heimatstadt stets eine wichtige Rolle. Gasser lebt mit seiner Frau unweit von Solothurn am Jurasüdfuss.

www.christofgasser.ch

Texte: Orte 1–3, 7, 12, 14–18, 24–25, 29–35, 39, 48, 50–52, 60, 64–67, 69, 73, 76–77, 81–97, 100, 108–111

Barbara Saladin, geboren an einem Freitag, den 13. im Jahr 1976 in Liestal, lebt als freie Autorin in Hemmiken / Oberbaselbiet. Sie schreibt vor allem Kriminalromane, Kurzgeschichten und Sachbücher. Als Journalistin ist sie kreuz und quer in der Nordwestschweiz und darüber hinaus unterwegs, sie fotografiert, lektoriert, recherchiert und moderiert, und auf Auftrag textet sie auch.

www.barbarasaladin.ch

Texte: Orte 4–6, 8–11, 13, 19–23, 26–28, 36–38, 40–47, 49, 53–59, 61–63, 68, 70–72, 74–75, 78–80, 98–99, 101–107

Quelle der in den Orten 3, 38, 51 und 76 erwähnten Sagen: Solothurner Geistersagen (Elisabeth Pfluger, Verlag Aare Solothurn, 1986)